# 김선생
# 중등국어
# 어휘력

# 3단계

# 구성과 특징

국어가 어려운 이유는 어휘력이 부족하기 때문입니다.
어휘력이 늘어나면 국어뿐만 아니라 다른 과목의 이해도 수월해집니다.

이 책의 어휘들은 주로 중등 교과 연계 어휘들로 구성하였습니다.
필수 어휘를 학습할 수 있도록 해두었으며
어렵고 생소한 단어들도 알기 쉽도록 하였습니다.

필수 관용구와 고유어, 속담, 한자성어를 회차별로 나누어 정리할 수 있게 해두었습니다.
또한 문제풀이를 통해 효율적인 암기를 할 수 있게 하였습니다.
어휘 문제를 풀면서 어휘력을 키울 수 있도록 구성하였습니다.

모든 공부의 가장 기초이자 기본인 어휘!
어휘 공부에 관심을 가지고
꾸준히 단계를 밟아 나가며
어휘 실력을 쌓을 수 있기를 바랍니다.

김선생 중등국어 어휘력 3단계

**초판 1쇄** 2024년 6월 24일

**지은이** 김지연

**펴낸이** 김지연 **펴낸곳** 마음세상

**주소** 경기도 파주시 한빛로 70 515-501

**출판등록** 제 406-2011-000024호 (2011년 3월 7일)

**문의** maumsesang2@nate.com

값 16,000원

# 목차

## 관용구

**ㄱ**

| | |
|---|---|
| 가방끈이 길다 | 많이 배워 학력이 높다. 예) 가방끈이 긴 자부심. |
| 가방끈이 짧다 | 많이 배우지 못해 학력이 낮다. |
| 거리가 생기다 | 관계가 서먹서먹해지거나 멀어지다. 예) 예전에 친했었는데 어느새 거리가 생겼다. |
| 거짓말을 보태다 | 실지보다 더 보태어 과장해서 말하다. 예) 그건 조금 거짓말을 보태서 말한 거야. |
| 고개가 수그러지다 | 존경하는 마음이 일어나다. 예) 크게 감동했고 절로 고개가 수그러졌다. |
| 그렇고 그렇다 | 대수롭거나 특별하지 아니하다. |
| 개 콧구멍으로 알다 | 시시한 것으로 알아 대수롭지 아니하게 여기다. |
| 구경도 못 하다 | 눈으로 보지도 못하다. 예) 곶감이라니 구경도 못해봤다. |
| 그게 그거다 | 어떤 사실이나 일이 서로 차이가 없다. 예) 친구는 그게 그거라며 고개를 돌렸다. |
| 구정물이 튀다 | 화가 미치다. 예) 괜히 그 일로 말미암아 혹시 구정물이 튈까봐 걱정이 된다. |

과장하다 : 사실보다 지나치게 불려서 나타내다.

대수롭다 : 중요하게 여길 만하다.

서먹하다 : 낯이 설거나 친하지 아니하여 어색하다

시시하다 : 신통한 데가 없고 하찮다.

## 고유어

**ㄱ**

| | |
|---|---|
| 가난뱅이 | 가난한 사람을 낮잡아 이르는 말. 예) 가난뱅이로 지내온 지난날의 기억. |
| 가누다 | 몸을 바른 자세로 가지다. |
| 가댁질 | 아이들이 서로 잡으려고 쫓고, 이리저리 피해 달아나며 뛰노는 장난. |
| 가랑눈 | 조금씩 잘게 내리는 눈. 예) 새벽에 내리는 가랑눈이 아름답다. |
| 겨누다 | 활이나 총 따위를 쏠 때 목표물을 향해 방향과 거리를 잡다. |
| 거느리다 | 부양해야 할 손아랫사람을 데리고 있다. |
| 거머잡다 | 손으로 휘감아 잡다. |
| 구질구질하다 | 상태나 하는 짓이 깨끗하지 못하고 구저분하다. |
| 글맵시 | 글의 아름다운 꾸밈새. 예) 네가 쓴 그 시는 글맵시도 있고 감동적이야. |
| 글짓기 | 글을 짓는 일. 예) 숙제는 꽃에 대한 글짓기다. |
| 강기침 | '마른기침'을 일상적으로 이르는 말. 예) 그는 무슨 말을 하려다가 강기침을 했다. |

부양하다 : 생활능력이 없는 사람의 생활을 돌보다.

손아랫사람 : 나이나 항렬 따위가 자기보다 아래이거나 낮은 사람

구저분하다 : 더럽고 지저분하다.

마른기침 : 가래가 나오지 아니하는 기침

## 속담

**ㄱ**

| | |
|---|---|
| 가까운 집 며느리일수록 흉이 많다 | 늘 가까이 있고 잘 아는 사이일수록 상대편의 결점이 눈에 더 많이 띈다는 말. |
| 가는 떡이 커야 오는 떡이 크다 | 자기가 남에게 말이나 행동을 좋게 하여야 남도 자기에게 좋게 한다는 말. |
| 가시나무에 연줄 걸리듯 | 인정에 걸리어 이러지도 저러지도 못함을 비유적으로 이르는 말. |
| 감이 재간이다 | 어떤 감이 쓰이느냐에 따라 일의 성과가 좌우되므로 감이 곧 일재간이 된다는 뜻으로, 재료가 좋으면 일도 잘됨을 이르는 말. |
| 강태공이 세월 낚듯 한다 | 무슨 일을 매우 더디고 느리게 함을 비유적으로 이르는 말. |
| 고드름 초장 같다 | 겉보기에는 훌륭한 것 같으나 실지로는 아무 맛도 없는 음식이나 또는 그와 같이 실속이 없는 일을 이르는 말. |
| 고향을 떠나면 천하다 | 제 고향이나 제 집을 떠나 낯선 고장에 가면 자연 천대를 받기 쉬우며 고생이 심하고 외롭다는 말. |

## 한자성어

**ㄱ**

| | |
|---|---|
| 감지덕지 | 분에 넘치는 듯싶어 매우 고맙게 여기는 모양. |
| 갑론을박 | 여러 사람이 서로 자신의 주장을 내세우며 상대편의 주장을 반박함. |
| 강호지인 | 벼슬하지 아니하고 자연을 벗 삼아 강호에 묻혀 사는 사람. |
| 격화일로 | 격렬하게 되는 과정. |
| 견문일치 | 보고 들은 바가 꼭 같음. |
| 겸사겸사 | 한 번에 여러 가지 일을 하려고, 이 일도 하고 저 일도 할 겸 해서. |
| 경세도량 | 세상을 다스려 나갈 만한 품성. |
| 고육지책 | 자기 몸을 상해 가면서까지 꾸며 내는 계책이라는 뜻으로, 어려운 상태를 벗어나기 위해 어쩔 수 없이 꾸며 내는 계책을 이르는 말. |
| 교왕과직 | 굽은 것을 바로잡으려다가 정도에 지나치게 곧게 한다는 뜻으로, 잘못된 것을 바로잡으려다가 너무 지나쳐서 오히려 나쁘게 됨을 이르는 말. |
| 귀배괄모 | 거북의 등에서 털을 깎는다는 뜻으로, 불가능한 일을 무리하게 하려고 함을 이르는 말. |

**결점**: 잘못되거나 부족하여 완전하지 못한 점.

**인정**: 사람이 본래 가지고 있는 감정이나 심정

**실속**: 군더더기가 없는, 실지의 알맹이가 되는 내용.

**천대**: 업신여기어 천하게 대우하거나 푸대접함.

**벼슬**: 관아에 나가서 나랏일을 맡아 다스리는 자리. 또는 그런 일. 구실보다 높은 직이다.

**격렬하다**: 말이나 행동이 세차고 사납다.

**품성**: 타고난 성질

**계책**: 어떤 일을 이루기 위하여 꾀나 방법을 생각해 냄. 또는 그 꾀나 방법.

| | |
|---|---|
| 가견하다 | 허물이나 잘못을 꾸짖고 나무라다. |
| 가공육 | 가공한 고기. 햄, 베이컨, 소시지 따위를 이른다. |
| 가납사니 | 쓸데없는 말을 지껄이기 좋아하는 수다스러운 사람. |
| 가냘프다 | 몸이나 팔다리 따위가 몹시 가늘고 연약하다. 예) 가냘픈 어깨에 큰가방을 맸다. |
| 가량스레 | 조촐하지 못하여 격에 조금 어울리지 아니한 데가 있게. |
| 가속하다 | 점점 속도를 더하다. |
| 가식적 | 말이나 행동 따위를 거짓으로 꾸미는 것. 예) 결국 가식적인 말은 탄로가 난다. |
| 가정불화 | 한집안의 가족들이 화목하지 못함. |
| 견고하다 | 굳고 단단하다. 예) 도착한 제품이 견고하고 내구성이 좋아 흡족하다. |
| 고강도 | 강도가 높음. 예) 막상 해보니 고강도의 작업이라 힘들다. |
| 고광하다 | 마음 따위가 높고 아주 넓다. |
| 고독하다 | 세상에 홀로 떨어져 있는 듯이 매우 외롭고 쓸쓸하다. |
| 고민거리 | 속을 태우며 괴로워하게 하는 일. 예) 무슨 고민거리라도 있니? |
| 고샅 | 시골 마을의 좁은 골목길. 또는 골목 사이. |
| 고역스럽다 | 몹시 힘들고 고되어 견디기 어려운 데가 있다. |
| 구만리 | 아득하게 먼 거리를 비유적으로 이르는 말. 예) 앞으로 가야할 길이 구만리야. |
| 고착화 | 어떤 상황이나 현상이 굳어져 변하지 않는 상태가 됨. 또는 그렇게 함. |
| 고쳐쓰기 | 글을 쓸 때에 글의 잘못된 부분을 바로잡아서 다시 쓰는 일. |
| 고통스럽다 | 몸이나 마음이 괴롭고 아픈 느낌이 있다. 예) 고통스러운 얼굴을 보니 안타깝다. |
| 고풍스럽다 | 보기에 예스러운 데가 있다. 예) 고풍스러운 저택. |
| 고학력 | 교육을 받은 학력이 높음. 예) 그는 고학력이었지만 인품이 훌륭하지는 않았다. |
| 고호하다 | 마음을 써서 돌보아 주다. |
| 공고 | 세상에 널리 알림. 예) 미리 공고를 확인하고 준비해야한다. |
| 광고 | 세상에 널리 알림. 또는 그런 일. 예) 제품이 출시되고 난 뒤에는 광고가 중요하다. |
| 길고양이 | 주택가 따위에서 주인 없이 자생적으로 살아가는 고양이. |
| 구경하다 | 흥미나 관심을 가지고 보다. 예) 그냥 구경하는 재미도 크다. |
| 구구절절 | 모든 구절. 예) 구구절절 진심이 담겨 있어 눈물이 왈칵 쏟아졌다. |

허물: 잘못 저지른 실수

연약하다: 무르고 약하다

화목하다: 서로 뜻이 맞고 정답다.

고되다: 하는 일이 힘에 겨워 고단하다.

예스럽다: 옛것과 같은 맛이나 멋이 있다

학력: 교육을 통하여 얻은 지식이나 기술 따위의 능력. 교과 내용을 이해하고 그것을 응용하여 새로운 것을 창조하는 능력을 이른다.

자생적: 저절로 나거나 생기는 것

구절: 한 토막의 말이나 글

| | |
|---|---|
| 구급약 | 응급 치료에 필요한 의약품. 예) 구급약이 떨어지지 않게 늘 준비해두었다. |
| 구두덜대다 | 못마땅하여 혼자서 자꾸 군소리를 하다. 예) 뭘 그렇게 구두덜대고 있니? |
| 구두점 | 글을 마치거나 쉴 때 찍는 점. 마침표나 쉼표 따위가 있다. |
| 구름결 | 구름같이 슬쩍 지나가는 겨를. 예) 구름결에 우리는 그렇게 영영 이별하게 되었다. |
| 구릿빛 | 구리의 빛깔과 같이 붉은빛을 많이 띤 갈색빛. |
| 구면 | 예전부터 알고 있는 처지. 또는 그런 사람. 예) 우리 구면이죠? |
| 구분 | 일정한 기준에 따라 전체를 몇 개로 갈라 나눔. |
| 구상화 | 실재하거나 상상할 수 있는 사물을 그대로 나타낸 그림. |
| 구세대 | 이전의 세대. 또는 나이 든 낡은 세대. 예) 구세대의 관점. |
| 구슬땀 | 구슬처럼 방울방울 맺힌 땀. 예) 구슬땀을 흘려 완성한 나의 작품. |
| 구시렁거리다 | 못마땅하여 군소리를 듣기 싫도록 자꾸 하다. |
| 구완하다 | 아픈 사람이나 해산한 사람을 간호하다. |
| 구전하다 | 말로 전하여 내려오다. 또는 말로 전하다. |
| 구체성 | 구체적인 성질. |
| 군고구마 | 불에 구워 익힌 고구마. 예) 군고구마가 먹고 싶어서 사거리로 나갔다. |
| 급구하다 | 물건이나 사람을 급히 구하다. |
| 구호책 | 구호하기 위한 대책. |
| 구획 | 토지 따위를 경계를 지어 가름. 또는 그런 구역. |
| 그늑하다 | 모자람이 없이 느긋하다. |
| 그러나저러나 | 그것은 그렇다 치고. 지금까지의 화제를 다른 데로 돌릴 때 쓴다. |
| 그럭저럭하다 | 특별할 것 없이 그렇게 저렇게 하다. 예) 달라진 것 없이 그럭저럭하게 지내고 있다. |
| 그리다 | 사랑하는 마음으로 간절히 생각하다. 예) 오늘따라 돌아가신 그분이 더욱 그립다. |
| 그믐날 | 음력으로 그달의 마지막 날. |
| 그악스럽다 | 보기에 사납고 모진 데가 있다. 예) 말투가 거칠고 그악스러운 성미라 대하기 힘들다. |
| 규절하다 | 경계하여 바로잡다. |
| 구조물 | 일정한 설계에 따라 여러 가지 재료를 얽어서 만든 물건. 건물, 다리, 축대, 터널 따위가 있다. |

의약품 : 병을 치료하는 데 쓰는 약품.

못마땅하다 : 마음에 들지 않아 좋지 않다.

군소리 : 하지 아니하여도 좋을 쓸데없는 말.

구호하다 : 재해나 재난 따위로 어려움에 처한 사람을 도와 보호하다.

대책 : 어떤 일에 대처할 계획이나 수단.

축대 : 높이 쌓아 올린 대나 터.

**관용구**

빈 칸에 알맞은 낱말을 쓰시오.

1) ☐☐ 도 못하다.

· 눈으로 보지도 못하다.

2) ☐☐☐ 을 보태다.

· 실지보다 더 보태어 과장해서 말하다.

3) ☐☐ 가 수그러지다.

· 존경하는 마음이 일어나다.

4) ☐ 콧구멍으로 알다.

· 시시한 것으로 알아 대수롭지 아니하게 여기다.

**고유어**

밑줄 친 낱말의 알맞은 뜻을 찾아 번호를 쓰시오.

1) 그땐 모든 것이 낯설었다. <u>가난뱅이</u> 처지라며 비관도 하였다. (       )

2) 아이들이 <u>가댁질</u>을 하는 통에 주변이 소란스러웠다. (       )

3) 과녁을 똑바로 보고 활을 <u>겨누었다.</u> (       )

4) 이 금은보화를 손에 <u>거머잡고</u> 세상을 호령하겠다. (       )

5) 그가 쓴 글은 <u>글맵시</u>가 있고 주제가 확실히 읽는 재미가 있다. (       )

6) 일주일에 두 번 <u>글짓기</u> 하는 시간이 기다려진다. (       )

7) 안색이 창백해지더니 <u>강기침</u>을 하기 시작했다. (       )

① 글을 짓는 일.
② 글의 아름다운 꾸밈새.
③ 손으로 휘감아 잡다.
④ '마른기침'을 일상적으로 이르는 말.
⑤ 활이나 총 따위를 쏠 때 목표물을 향해 방향과 거리를 잡다.
⑥ 가난한 사람을 낮잡아 이르는 말.
⑦ 아이들이 서로 잡으려고 쫓고, 이리저리 피해 달아나며 뛰노는 장난.

## 속담

속담의 뜻을 찾아 연결하시오.

1) 고향을 떠나면 천하다 ●

2) 가시나무에 연줄 걸리 듯 ●

3) 가는 떡이 커야 오는 떡 이 크다 ●

4) 가까운 집 며느리일수록 흉 이 많다 ●

5) 감이 재간이다 ●

6) 강태공이 세월 낚듯 한 다 ●

● ㉠ 인정에 걸리어 이러지도 저러지도 못함을 비유적으로 이르는 말.

● ㉡ 자기가 남에게 말이나 행동을 좋게 하여야 남도 자기에게 좋게 한다는 말.

● ㉢ 어떤 감이 쓰이느냐에 따라 일의 성과가 좌우되므로 감이 곧 일재간이 된다는 뜻으로, 재료가 좋으면 일도 잘됨을 이르는 말.

● ㉣ 무슨 일을 매우 더디고 느리게 함을 비유적으로 이르는 말.

● ㉤ 늘 가까이 있고 잘 아는 사이일수록 상대편의 결점이 눈에 더 많이 띈다는 말.

● ㉥ 제 고향이나 제 집을 떠나 낯선 고장에 가면 자연 천대를 받기 쉬우며 고생이 심하고 외롭다는 말.

## 한자성어

보기를 보고 빈칸에 알맞은 말을 쓰시오.

1) 보고 들은 바가 꼭 같음. ☐

2) 한 번에 여러 가지 일을 하려고, 이 일도 하고 저 일도 할 겸 해서. ☐

3) 세상을 다스려 나갈 만한 품성. ☐

4) 분에 넘치는 듯싶어 매우 고맙게 여기는 모양. ☐

5) 여러 사람이 서로 자신의 주장을 내세우며 상대편의 주장을 반박함. ☐

6) 벼슬하지 아니하고 자연을 벗 삼아 강호에 묻혀 사는 사람. ☐

7) 격렬하게 되는 과정. ☐

8) 자기 몸을 상해 가면서까지 꾸며 내는 계책이라는 뜻으로, 어려운 상태를 벗어나기 위해 어쩔 수 없이 꾸며 내는 계책을 이르는 말. ☐

| 보기 | 감지덕지 | 강호지인 | 경세도량 | 견문일치 |
| | 갑론을박 | 겸사겸사 | 격화일로 | 고육지책 |

**어휘 탐구** ················································································································································

빈 칸에 알맞은 말을 쓰시오.

1) ☐☐ 하는 즐거움이 있었다.

· 흥미나 관심을 가지고 보다.


2) 그는 고립되고 ☐☐ 한 인생을 살고 있었다.

· 세상에 홀로 떨어져 있는 듯이 매우 외롭고 쓸쓸하다.


3) 요즘 ☐☐☐ 의 인재들이 관심을 가지고 있다.

· 교육을 받은 학력이 높음.


4) 이번에 제작한 ☐☐ 는 반응이 좋았다.

· 세상에 널리 알림. 또는 그런 일.


5) 다시 그 문제를 떠올리니 ☐☐☐☐☐ .

· 몸이나 마음이 괴롭고 아픈 느낌이 있다.


6) 인생이 ☐☐☐ 인데 어찌 지금 포기할 수 있겠어?

· 아득하게 먼 거리를 비유적으로 이르는 말.


7) 여러가지 문제가 있었는데 그중 ☐☐☐☐ 가 큰 원인이었다.

· 한집안의 가족들이 화목하지 못함.


8) 일기장을 읽어보니 ☐☐☐☐ 원망이 가득했다.

· 모든 구절.


9) 계속된 ☐☐☐ 의 트레이닝에 지쳐 있었다.

· 강도가 높음.


10) 저쪽 ☐☐ 에 코스모스가 피어 있다.

· 시골 마을의 좁은 골목길. 또는 골목 사이.

11) 비상시를 대비하여 항상 ☐☐☐ 을 준비해둔다.

· 응급 치료에 필요한 의약품.

12) 추운 겨울 먹었던 맛있는 ☐☐☐☐ 가 떠올랐다.

· 불에 구워 익힌 고구마.

13) 1층에는 추상화가 전시되어 있고 2층에는 ☐☐☐ 를 볼 수 있어요.

· 실재하거나 상상할 수 있는 사물을 그대로 나타낸 그림.

14) 갑작스러운 일정 변경으로 인해서 ☐☐ 합니다.

· 물건이나 사람을 급히 구하다.

15) 글을 쓸 때는 ☐☐☐ 하나 빠지지 않고 완벽하게 씁니다.

· 글을 마치거나 쉴 때 찍는 점. 마침표나 쉼표 따위가 있다

16) ☐☐☐ 에 사라진 너의 흔적.

· 구름같이 슬쩍 지나가는 겨를

17) 혼신을 다해 집중하며 ☐☐☐ 을 흘렸다.

· 구슬처럼 방울방울 맺힌 땀.

18) 뇌경색으로 쓰러진 할머니를 ☐☐ 하느라 몹시 지쳐 있었다.

· 아픈 사람이나 해산한 사람을 간호하다.

19) 오랜 세월 ☐☐ 되어 들려오는 이야기일 뿐이다.

· 말로 전하여 내려오다. 또는 말로 전하다.

20) 성미가 사납고 ☐☐☐☐ 데가 있어 상대하기 버겁다.

· 보기에 사납고 모진 데가 있다.

## 관용구

**ㄲ**

| | |
|---|---|
| 꼬리가 길다 | 못된 짓을 오래 두고 계속하다. 예) 꼬리가 길면 혼난다. |
| 꼬리를 사리다 | 겁이 나서 슬금슬금 피하거나 움츠러들다. |
| 꼬리가 빠지게 | 몹시 빨리 도망치거나 달아나는 모습을 비유적으로 이르는 말. |
| 꼬리에 꼬리를 물다 | 계속 이어지다. 예) 꼬리에 꼬리를 무는 오해. |
| 꽁지를 내리다 | 상대편에게 기세가 꺾여 물러서거나 움츠러들다. |
| 깍지를 떼다 | 깍지를 낀 엄지손가락으로 팽팽하게 당긴 활시위를 놓다. |
| 껴잡아 살다 | 처지가 어려운 사람을 돕기 위하여 자기 집에 들여 더불어 살다. |
| 꿀밤을 먹다 | 머리에 꿀밤을 맞다. |
| 꿈나라로 가다 | 잠이 깊이 들다. 예) 눕자마자 꿈나라로 갔다. |
| 꿈인지 생시인지 | 생각지도 못한 뜻밖의 일에 부닥쳐 어찌할 바를 모를 때를 이르는 말. |

## 고유어

**ㄲ**

| | |
|---|---|
| 까닭 | 일이 생기게 된 원인이나 조건. 예) 모든 일에는 까닭이 있다. |
| 까막눈 | 글을 읽을 줄 모르는 무식한 사람의 눈. |
| 까다롭다 | 성미나 취향 따위가 원만하지 않고 별스럽게 까탈이 많다. |
| 까부수다 | 치거나 때리거나 하여 부수다. |
| 까투리 | 꿩의 암컷. |
| 꼬까옷 | 어린아이의 말로, 알록달록하게 곱게 만든 아이의 옷을 이르는 말. |
| 꼬마 | 어린아이를 귀엽게 이르는 말. |
| 꼬집다 | 주로, 엄지와 검지로 살을 집어서 뜯듯이 당기거나 비틀다. |
| 꿀꿀이 | 욕심이 많은 사람을 비유적으로 이르는 말. |
| 꿈적이다 | 몸이 둔하고 느리게 움직이다. 또는 몸을 둔하고 느리게 움직이다. |
| 꿈쩍없이 | 움직이는 기색이 전혀 없이. 예) 아무리 밀어도 꿈쩍없이 서 있다. |
| 꿀꺽 | 액체나 음식물 따위가 목구멍이나 좁은 구멍으로 한꺼번에 많이 넘어가는 소리. 또는 그 모양. |

비유적 : 어떤 현상이나 사물을 직접 설명하지 아니하고 다른 비슷한 현상이나 사물에 빗대어서 설명하는 것.

기세 : 기운차게 뻗치는 모양이나 상태.

깍지 : 열 손가락을 서로 엇갈리게 바짝 맞추어 잡은 상태.

무식하다 : 배우지 않은 데다 보고 듣지 못하여 아는 것이 없다.

성미 : 성질, 마음씨, 비위, 버릇 따위를 통틀어 이르는 말

욕심 : 분수에 넘치게 무엇을 탐내거나 누리고자 하는 마음.

| 꼬꼬마 | 아이들 장난감의 하나. 실 끝에 새의 털이나 종이 오리 따위를 매어 바람에 날리며 논다. |
|---|---|
| 꼬이다 | 하는 일 따위가 순순히 되지 않고 얽히거나 뒤틀리다. |
| 꾸역꾸역 | 음식 따위를 한꺼번에 입에 많이 넣고 잇따라 씹는 모양. |
| 꾸짖다 | 윗사람이 아랫사람의 잘못에 대하여 엄하게 나무라다. |
| 꿈길 | 꿈에서 이루어지는 일의 과정. 또는 꿈을 꾸는 과정. |
| 꿈나무 | 학문, 운동 따위에 소질이나 재능이 있는 아이를 비유적으로 이르는 말. |
| 꿈만하다 | 어찌하여야 할지 몰라 막막하다. |
| 꿈틀거리다 | 몸의 한 부분이 구부러지거나 비틀어지며 자꾸 움직이다. 또는 그렇게 되게 하다. |
| 꿈풀이 | 꿈에 나타난 일을 풀어서 좋고 나쁨을 판단함. |
| 꾀다 | 그럴듯한 말이나 행동으로 남을 속이거나 부추겨서 자기 생각대로 끌다. |

## 속담

**ㄲ**

| 꼬리가 길면 밟힌다 | 나쁜 일을 아무리 남모르게 한다고 해도 오래 두고 여러 번 계속하면 결국에는 들키고 만다는 것을 비유적으로 이르는 말. |
|---|---|
| 꼬챙이는 타고 고기는 설었다 | 꼭 되어야 할 일은 안되고 되지 말았어야 할 일이 된 경우를 비유적으로 이르는 말. |
| 꾸어다 놓은 보릿자루 | 여럿이 모여 이야기하는 자리에서 아무 말도 하지 않고 한옆에 가만히 있는 사람을 비유적으로 이르는 말. |
| 꿈도 꾸기 전에 해몽 | 어떻게 될지도 모르는 일을 미리부터 자기 마음대로 상상하고 기대한다는 말. |
| 꿈에 네뚜리 | 대수롭지 않게 여기는 것을 비유적으로 이르는 말. |
| 꿈에 사위 본 듯 | 한 일이 무엇인지 분명치 아니함을 비유적으로 이르는 말. |
| 꿈자리가 사납더니 | 일이 뜻대로 되지 아니하고 방해되는 것이 끼어들 때 한탄조로 이르는 말. |
| 꾀만 있으면 용궁에 잡혀갔다가도 살아나 | 지혜가 있으면 아무리 힘들고 위태로운 일을 만나도 그 일로부터 벗어날 수 있음을 비유적으로 이르는 말. |
| 끼니 없는 놈에게 점심 의논 | 작은 걱정을 가진 사람이 큰 걱정을 가진 사람에게 도와 달라고 하는 경우를 비유적으로 이르는 말. |

얽히다 : 노끈이나 줄 따위가 이리저리 걸리다.

나무라다 : 상대방의 잘못이나 부족한 점을 꼬집어 말하다.

판단하다 : 사물을 인식하여 논리나 기준 등에 따라 판정을 내리다.

들키다 : 숨기려던 것을 남이 알게 되다.

대수롭다 : 중요하게 여길 만하다.

지혜 : 사물의 이치를 빨리 깨닫고 사물을 정확하게 처리하는 정신적 능력.

**관용구**

빈 칸에 알맞은 낱말을 쓰시오.

1) ☐☐ 가 길다.

　· 못된 짓을 오래 두고 계속하다.

2) ☐☐ 를 내리다.

　· 상대편에게 기세가 꺾여 물러서거나 움츠러들다.

3) ☐☐ 을 먹다.

　· 머리에 꿀밤을 맞다.

4) ☐ 인지 생시인지

　· 생각지도 못한 뜻밖의 일에 부닥쳐 어찌할 바를 모를 때를 이르는 말.

**고유어**

밑줄 친 낱말의 알맞은 뜻을 찾아 번호를 쓰시오.

1) 한글을 배운 적 없어 까막눈이었다. (　　　)

2) 당황해서 미처 씹지도 못하고 꿀꺽 삼켜버렸다. (　　　)

3) 동생이 꼬까옷을 입고 환히 웃는다. (　　　)

4) 그것은 네가 꼬마일 때 일이었다. (　　　)

5) 괜히 트집을 잡고 까다롭게 굴고 있었다. (　　　)

6) 조금도 흔들리지 않고 꿈쩍없이 서 있다. (　　　)

7) 원리를 밝히는 까닭은 무엇일까요? (　　　)

> ① 액체나 음식물 따위가 목구멍이나 좁은 구멍으로 한꺼번에 많이 넘어가는 소리. 또는 그 모양.
> ② 어린아이의 말로, 알록달록하게 곱게 만든 아이의 옷을 이르는 말.
> ③ 글을 읽을 줄 모르는 무식한 사람의 눈.
> ④ 성미나 취향 따위가 원만하지 않고 별스럽게 까탈이 많다.
> ⑤ 움직이는 기색이 전혀 없이.
> ⑥ 어린아이를 귀엽게 이르는 말.
> ⑦ 일이 생기게 된 원인이나 조건.

## 속담

속담의 뜻을 찾아 연결하시오.

1) 꾀만 있으면 용궁에 잡혀 갔다가도 살아나 ●

2) 꼬리가 길면 밟힌다 ●

3) 꿈에 사위 본 듯 ●

4) 꿈자리가 사납더니 ●

5) 꿈도 꾸기 전에 해몽 ●

6) 꼬챙이는 타고 고기는 설었다 ●

● ㉠ 한 일이 무엇인지 분명치 아니함을 비유적으로 이르는 말.

● ㉡ 지혜가 있으면 아무리 힘들고 위태로운 일을 만나도 그 일로부터 벗어날 수 있음을 비유적으로 이르는 말.

● ㉢ 일이 뜻대로 되지 아니하고 방해되는 것이 끼어들 때 한탄조로 이르는 말.

● ㉣ 어떻게 될지도 모르는 일을 미리부터 자기 마음대로 상상하고 기대한다는 말.

● ㉤ 꼭 되어야 할 일은 안되고 되지 말았어야 할 일이 된 경우를 비유적으로 이르는 말.

● ㉥ 나쁜 일을 아무리 남모르게 한다고 해도 오래 두고 여러 번 계속하면 결국에는 들키고 만다는 것을 비유적으로 이르는 말.

## 어휘

1) 초반부터 일이 ⬜⬜⬜ 시작했다.

· 하는 일 따위가 순순히 되지 않고 얽히거나 뒤틀리다.

2) 지난 밤 꾼 꿈이 이상하여 ⬜⬜⬜ 가 궁금했다.

· 꿈에 나타난 일을 풀어서 좋고 나쁨을 판단함.

3) 여러분들은 미래의 ⬜⬜⬜ 입니다.

· 학문, 운동 따위에 소질이나 재능이 있는 아이를 비유적으로 이르는 말.

4) 아직도 반성하고 있지 않아 크게 ⬜⬜⬜ 말했다.

· 윗사람이 아랫사람의 잘못에 대하여 엄하게 나무라다.

## 관용구

**ㄴ**

| | |
|---|---|
| 나그네 세상 | 덧없는 세상을 이르는 말. 예) 어차피 나그네 세상인데 욕심이 무슨 소용이오? |
| 나사가 빠지다 | 정신이 없다. 예) 너무 바빠 나사가 빠질 지경이다. |
| 낮이나 밤이나 | 언제나 늘. 예) 낮이나 밤이나 근심이 끊이지 않는다. |
| 눈알이 나오다 | 몹시 놀라다. 예) 충격을 받아 눈알이 나온 모양새였다. |
| 눈 하나 깜짝 안 하다 | 태도나 기색이 아무렇지도 않은 듯이 예사롭게 굴다. |
| 노여움을 사다 | 남을 노엽게 하여 자기가 그 영향을 받다. 예) 괜히 노여움을 사는 행동일 뿐이다. |
| 너울을 쓰다 | 속이나 진짜 내용은 그렇지 않으면서 그럴듯하게 좋은 명색을 내걸다. |
| 누구 입에 붙이겠는가 | 여러 사람에게 나누어 주어야 할 물건이 너무 적을 때 이르는 말. |
| 뉘 골라내듯 | 많은 것들 중에서 꼼꼼히 골라내다. |
| 눈을 씻고 보다 | 정신을 바짝 차리고 집중하여 보다. 예) 믿기지 않아 눈을 씻고 볼 일이었다. |

## 고유어

**ㄴ**

| | |
|---|---|
| 나가넘어지다 | 몸이 뒤로 물러나면서 넘어지다. |
| 나그넷길 | 여행을 하는 길. 예) 길고 긴 나그넷길. |
| 나들이 | 집을 떠나 가까운 곳에 잠시 다녀오는 일. 예) 주말에 나들이를 간다. |
| 나른하다 | 맥이 풀리거나 몸이 고단하여 기운이 없다. |
| 너도나도 | 서로 뒤지거나 빠지지 않으려고 모두. 예) 너도나도 도전하는 꿈. |
| 노래자랑 | 여럿이 모여 누가 더 노래를 잘하는지를 겨루며 즐기는 일. |
| 노려보다 | 미운 감정으로 어떠한 대상을 매섭게 계속 바라보다. |
| 노여움 | 분하고 섭섭하여 화가 치미는 감정. 예) 부디 노여움을 거두어주세요. |
| 나비눈 | 못마땅해서 눈알을 굴려, 보고도 못 본 체하는 눈짓. |
| 눈꼴사납다 | 보기에 아니꼬워 비위에 거슬리게 밉다. 예) 얌체같이 굴어 눈꼴사납다. |
| 눈대중하다 | 눈으로 보아 어림잡아 헤아리다. 예) 눈대중으로도 큰 차이가 났다. |
| 눈맛 | 눈으로 보고 느끼는 기분. |
| 눈물범벅 | 눈물을 몹시 많이 흘린 상태. 예) 눈물범벅인 모습을 보니 짠했다. |

---

**덧없다** : 알지 못하는 가운데 지나가는 시간이 매우 빠르다.

**기색** : 마음의 작용으로 얼굴에 드러나는 빛.

**명색** : 어떤 부류에 붙여져 불리는 이름.

**겨루다** : 서로 버티어 승부를 다투다.

**매섭다** : 남이 겁을 낼 만큼 성질이나 기세 따위가 매몰차고 날카롭다.

**어림잡다** : 대강 짐작으로 헤아려 보다.

## 속담

**ㄴ**

| | |
|---|---|
| 나갔던 며느리 효도한다 | 처음에 좋지 아니하게 생각하였던 사람이 뜻밖에 좋은 일을 하는 경우를 비유적으로 이르는 말. |
| 나는 새도 떨어뜨린다 | 권세가 대단하여 모든 일을 제 마음대로 할 수 있는 상태를 비유적으로 이르는 말. |
| 높은 나무에는 바람이 세다 | 지위가 높아질수록 더욱 지위의 안정성이 적고 신변이 위태로워진다는 말. |
| 노루 잡는 사람에 토끼가 보이나 | 큰일을 꾀하는 사람에게 하찮고 사소한 일은 보이지 않음을 비유적으로 이르는 말. |
| 눈은 풍년이나 입은 흉년이다 | 눈에 보이는 것은 많아도 정작 먹을 것은 없음을 비유적으로 이르는 말. |
| 뉘 집에 죽이 끓는지 밥이 끓는지 아나 | 여러 사람의 사정을 다 살피기는 어려움을 비유적으로 이르는 말. |
| 늙은이 호박나물에 용쓴다 | 도저히 힘을 쓸 수 없는 처지에 있는 사람이 힘을 쓸듯이 자신 있게 나섬을 비유적으로 이르는 말. |

## 한자성어

**ㄴ**

| | |
|---|---|
| 낙목공산 | 나뭇잎이 다 떨어져 텅 비고 쓸쓸한 산. |
| 난망지은 | 잊을 수 없는 은혜. |
| 노발대발 | 몹시 노하여 펄펄 뛰며 성을 냄. |
| 누거만금 | 매우 많은 돈. |
| 능간능수 | 일을 잘 해치우는 재간과 익숙한 솜씨. |
| 능언앵무 | 말은 잘하나 실제 학문은 없는 사람을 이르는 말. |
| 남흔여열 | 부부 사이가 화평하고 즐거움. |
| 낭중취물 | 주머니 속에서 물건을 꺼내듯이 아주 손쉽게 얻을 수 있음을 이르는 말. |
| 내무주장 | 집안 살림을 맡아 할 안주인이 없음. |
| 내시반청 | 남을 꾸짖기보다 자신을 돌이켜 보고 반성함. |
| 내허외식 | 속은 비고 겉치레만 함. |
| 낭두 | 주머니나 자루를 머리에 뒤집어 쓴다는 뜻으로, 입을 다물고 머리가 땅에 닿도록 절을 함을 이르는 말. |

---

권세 : 권력과 세력을 아울러 이르는 말

지위 : 개인의 사회적 신분에 따르는 위치나 자리.

은혜 : 고맙게 베풀어 주는 신세나 혜택.

재간 : 어떤 일을 할 수 있는 재주와 솜씨.

겉치레 : 겉만 보기 좋게 꾸미어 드러냄.

## 어휘

### ㄴ

| | |
|---|---|
| 나겁하다 | 마음이 약하고 겁이 많다. |
| 나대다 | 깝신거리고 나다니다. 예) 그렇게 나대더니 결국 망했다. |
| 나뒹굴다 | 뒤로 물러나면서 넘어져 뒹굴다. |
| 나면 | 게을러서 잠만 잠. |
| 나무떨기 | 크지 아니한 나무들이 한곳에 모여 난 무더기. |
| 나무숲 | 나무가 우거진 숲. 예) 푸른 호수와 거대한 나무숲이 있던 여행지. |
| 노골적 | 숨김없이 모두를 있는 그대로 드러내는 것. |
| 노동하다 | 몸을 움직여 일을 하다. |
| 노래지다 | 노랗게 되다. 예) 후숙이 되어 노래진 모습이다. |
| 노른자 | 알의 흰자위에 둘러싸인 동글고 노란 부분. 예) 노른자가 아주 탱글탱글하다. |
| 노망 | 늙어서 망령이 듦. 또는 그 망령. |
| 노면 | 길의 바닥 표면. 예) 노면이 거칠어 보수공사가 필요하다. |
| 노모 | 늙은 어머니. 예) 노모를 모시고 사는 건실한 청년이다. |
| 노방 | 길의 양쪽 가장자리. |
| 노부인 | 늙은 여자를 높여 이르는 말. 예) 노부인의 마지막 산책. |
| 노산하다 | 나이 많아서 아이를 낳다. 예) 노산을 겪고 나서 몸이 좋지 않았다. |
| 노상하다 | 갖은 고초로 마음에 상처를 입다. |
| 노선생 | 나이 많고 지위 높은 사람을 높여 이르는 말. 예) 노선생의 말씀, 잊지 않겠소. |
| 노소 | 늙은이와 젊은이를 아울러 이르는 말. |
| 노쇠하다 | 늙어서 쇠약하고 기운이 별로 없다. 예) 노쇠한 말은 다시 일어나지 못했다. |
| 노숙자 | 길이나 공원 등지에서 한뎃잠을 자는 사람. 예) 노숙자 생활을 이어가는 중이다. |
| 노심 | 마음으로 애를 씀. |
| 노언하다 | 몹시 성이 나서 거칠게 말하다. |
| 노역하다 | 몹시 괴롭고 힘들게 일하다. |
| 노인 | 나이가 들어 늙은 사람. 예) 백발의 노인은 한숨을 쉬며 말을 이어갔다. |
| 노참 | 몸이 피로하여 마음이 괴로워짐. |
| 노투 | 몹시 화가 나서 격렬하게 싸움. |
| 노폐물 | 생체 내에서 생성된 대사산물 중 생체에서 필요 없는 것. 날숨, 오줌, 땀, 대변 따위에 섞여 몸 밖으로 배출되거나 배설된다. |

깝신거리다 : 고개나 몸을 방정맞게 자꾸 조금 숙이다.

망령 : 늙거나 정신이 흐려서 말이나 행동이 정상을 벗어남. 또는 그런 상태.

고초 : 괴로움과 어려움을 아울러 이르는 말.

쇠약하다 : 힘이 쇠하고 약하다.

격렬하다 : 말이나 행동이 세차고 사납다.

| | |
|---|---|
| 녹말 | 감자, 고구마, 물에 불린 녹두 따위를 갈아서 가라앉힌 앙금을 말린 가루. |
| 녹색등 | 빛깔이 녹색인 등을 통틀어 이르는 말. |
| 노인성 | 병 따위가 노인들에게 잘 일어나는 성질. |
| 녹십자 | 십(十)자 모양의 녹색 표식. 재해로부터의 안전을 상징한다. |
| 녹음 | 푸른 잎이 우거진 나무나 수풀. 또는 그 나무의 그늘 |
| 녹자색 | 초록빛을 띤 자주색. |
| 녹청색 | 초록빛을 띤 파란색. 예) 녹청색 화병과 수저를 선물했다. |
| 논변 | 사리의 옳고 그름을 밝히어 말함. 또는 그런 말이나 의견. |
| 논설문 | 어떤 주제에 관하여 자기의 생각이나 주장을 체계적으로 밝혀 쓴 글. |
| 누락 | 기입되어야 할 것이 기록에서 빠짐. 또는 그렇게 되게 함. |
| 누명 | 사실이 아닌 일로 이름을 더럽히는 억울한 평판. |
| 누수 | 물이 샘. 또는 새어 나오는 물. 예) 누수가 발생해서 공사를 해야 한다. |
| 누진율 | 가격, 수량 따위가 더하여 감에 따라 점점 높아지는 비율. |
| 농갈색 | 짙은 갈색. |
| 농공업 | 농업과 공업을 아울러 이르는 말. |
| 농구장 | 농구 경기를 하는 경기장. 예) 농구장에서 농구 연습을 했다. |
| 농담 | 실없이 놀리거나 장난으로 하는 말. |
| 농도 | 용액 따위의 진함과 묽음의 정도. 예) 농도에 따라 맛도 다르다. |
| 농부 | 농사짓는 일을 직업으로 하는 사람. 예) 은퇴 후 농부로 살고 있다. |
| 농상공 | 농업, 상업, 공업을 아울러 이르는 말. |
| 농성전 | 농성하면서 하는 싸움. 예) 한 달 간이나 계속되는 농성전. |
| 농수산물 | 농산물과 수산물을 아울러 이르는 말. |
| 농어촌 | 농촌과 어촌을 아울러 이르는 말. 예) 어린 시절의 대부분은 농어촌에서 지냈다. |
| 농작 | 농사를 지음. |
| 농축 | 액체를 진하게 또는 바짝 졸임. |
| 농토 | 농사짓는 땅. 예) 비옥한 농토가 있었다. |
| 뇌기 | 똑똑히 기억함. |
| 뇌력 | 머리를 써서 생각하는 힘. |

앙금 : 녹말 따위의 아주 잘고 부드러운 가루가 물에 가라앉아 생긴 층.

재해 : 재앙으로 말미암아 받는 피해. 지진, 태풍, 홍수, 가뭄, 해일, 화재, 전염병 따위에 의하여 받게 되는 피해를 이른다.

농성하다 : 적에게 둘러싸여 성문을 굳게 닫고 성을 지키다.

액체 : 일정한 부피는 가졌으나 일정한 형태를 가지지 못한 물질. 구성하는 분자나 원자의 간격이 기체의 경우보다 좁고, 고체에 비하여 응집력이 약하다. 상당히 강한 작용을 서로에게 미치고 있으며, 서로 위치가 끊임없이 바뀌고 결정처럼 정하여진 배열을 하고 있지 않다.

**관용구**

빈 칸에 알맞은 낱말을 쓰시오.

1) ☐☐☐ 을 사다.

· 남을 노엽게 하여 자기가 그 영향을 받다.

2) ☐ 을 씻고 보다.

· 정신을 바짝 차리고 집중하여 보다.

3) ☐☐ 입에 붙이겠는가.

· 여러 사람에게 나누어 주어야 할 물건이 너무 적을 때 이르는 말.

4) ☐☐ 을 쓰다.

· 속이나 진짜 내용은 그렇지 않으면서 그럴듯하게 좋은 명색을 내걸다.

**고유어**

밑줄 친 낱말의 알맞은 뜻을 찾아 번호를 쓰시오.

1) 산다는 것은 나그넷길 같다. (     )

2) 너도나도 도전해서 경쟁이 치열하다. (     )

3) 그렇게 노려보고 있으니 아무 말도 하지 못하겠다. (     )

4) 전시회에서 구매한 그림을 걸어두니 눈맛도 있고 좋다. (     )

5) 온종일 나른하고 힘이 없다. (     )

6) 가만히 보고 있자니 눈꼴사나워서 그만 일어났다. (     )

7) 돌아보니 그 애는 눈물범벅이었다. (     )

① 미운 감정으로 어떠한 대상을 매섭게 계속 바라보다.
② 보기에 아니꼬워 비위에 거슬리게 밉다.
③ 여행을 하는 길.
④ 서로 뒤지거나 빠지지 않으려고 모두.
⑤ 맥이 풀리거나 몸이 고단하여 기운이 없다.
⑥ 눈으로 보고 느끼는 기분.
⑦ 눈물을 몹시 많이 흘린 상태.

## 속담

속담의 뜻을 찾아 연결하시오.

1) 나는 새도 떨어뜨린다 ●

2) 뉘 집에 죽이 끓는지 밥이 끓는지 아나 ●

3) 높은 나무에는 바람이 세다 ●

4) 눈은 풍년이나 입은 흉년이다 ●

5) 나갔던 며느리 효도한다 ●

6) 늙은이 호박나물에 용쓴다 ●

● ㉠ 지위가 높아질수록 더욱 지위의 안정성이 적고 신변이 위태로워진다는 말.

● ㉡ 눈에 보이는 것은 많아도 정작 먹을 것은 없음을 비유적으로 이르는 말.

● ㉢ 권세가 대단하여 모든 일을 제 마음대로 할 수 있는 상태를 비유적으로 이르는 말.

● ㉣ 도저히 힘을 쓸 수 없는 처지에 있는 사람이 힘을 쓸듯이 자신 있게 나섬을 비유적으로 이르는 말.

● ㉤ 여러 사람의 사정을 다 살피기는 어려움을 비유적으로 이르는 말.

● ㉥ 처음에 좋지 아니하게 생각하였던 사람이 뜻밖에 좋은 일을 하는 경우를 비유적으로 이르는 말.

## 한자성어

보기를 보고 빈칸에 알맞은 말을 쓰시오.

1) 일을 잘 해치우는 재간과 익숙한 솜씨.

2) 남을 꾸짖기보다 자신을 돌이켜 보고 반성함.

3) 잊을 수 없는 은혜.

4) 주머니 속에서 물건을 꺼내듯이 아주 손쉽게 얻을 수 있음을 이르는 말.

5) 말은 잘하나 실제 학문은 없는 사람을 이르는 말.

6) 집안 살림을 맡아 할 안주인이 없음.

7) 부부 사이가 화평하고 즐거움.

8) 주머니나 자루를 머리에 뒤집어 쓴다는 뜻으로, 입을 다물고 머리가 땅에 닿도록 절을 함을 이르는 말.

| 보기 | 능언앵무 낭두 내무주장 능간능수 |
|---|---|
| | 내시반청 남흔여열 낭망지은 낭중취물 |

**어휘 탐구**　·······················································································································

빈 칸에 알맞은 말을 쓰시오.

1) 70세 이상의 ☐☐ 을 위한 배려였다.

· 나이가 들어 늙은 사람.

2) 몸이 많이 약해져 있는데다 ☐☐ 이라서 더욱 걱정스러웠다.

· 나이 많아서 아이를 낳다.

3) 계속된 ☐☐ 에 매우 지쳐 있었다.

· 몹시 괴롭고 힘들게 일하다.

4) 혼자 고집을 부려서 그런지 ☐☐ 이 났다고 수군거렸다.

· 늙어서 망령이 듦. 또는 그 망령.

5) ☐☐☐ 말고 그만 자중하라.

· 깝신거리고 나다니다.

6) 검은 옷을 입은 ☐☐☐ 이었다.

· 늙은 여자를 높여 이르는 말.

7) 기억 속에서 그곳은 ☐☐☐ 과 오솔길이 있는 곳이었다.

· 나무가 우거진 숲

·

8) 잘 익어서 ☐☐☐ 과일.

· 노랗게 되다.

9) 애써 ☐☐ 에게는 말하지 못했던 속사정이었다.

· 늙은 어머니.

10) 세월이 흘러 ☐☐☐ 느낌이 있었다.

· 늙어서 쇠약하고 기운이 별로 없다.

11) 그는 은퇴 후 [  ][  ] 가 되기로 결심했다.

· 농사짓는 일을 직업으로 하는 사람.


12) 기름진 [  ][  ] 가 있었다.

· 농사짓는 땅.


13) 그 문은 크고 [  ][  ][  ] 이었다.

· 초록빛을 띤 파란색.


14) 어제 [  ][  ][  ] 의 초고를 완성했다.

· 어떤 주제에 관하여 자기의 생각이나 주장을 체계적으로 밝혀 쓴 글.


15) 억울하게 [  ][  ] 을 썼지만, 포기하지 않았다.

· 사실이 아닌 일로 이름을 더럽히는 억울한 평판.


16) 우선 [  ][  ] 를 조절해야겠다.

· 용액 따위의 진함과 묽음의 정도.


17) 오늘은 친구와 함께 [  ][  ][  ][  ] 시장에 가기로 했다.

· 농산물과 수산물을 아울러 이르는 말.


18) 벌써 3일째 [  ][  ][  ] 을 하고 있다.

· 농성하면서 하는 싸움.


19) 그 음료는 여러 과일을 [  ][  ] 하여 만들었다.

· 액체를 진하게 또는 바짝 졸임.


20) 그냥 [  ][  ] 으로 한 말이었는데 기분 상하게 해서 미안했다.

· 실없이 놀리거나 장난으로 하는 말.

## 관용구

### ㄷ

| | |
|---|---|
| 동이 끊기다 | 뒤가 계속되지 못하고 끊어지다. |
| 동떨어진 소리 | 경어도 반말도 아닌 어리뻥뻥한 말씨. |
| 동태가 되다 | 추위로 몹시 얼다. 예) 엄동설한에 동태가 되어 뛰어갔다. |
| 달게 굴다 | 붙잡고 매달려 몹시 조르다. |
| 달밤에 체조하다 | 격에 맞지 않은 짓을 함을 핀잔하는 말. |
| 뒤를 달다 | 앞에서 한 말에 뒤를 이어서 보충하여 말하다. |
| 등살이 달다 | 일이 뜻대로 되지 않아 몹시 안타까워하다. |
| 뒤를 다지다 | 뒷일이 잘못되지 않게 하기 위하여 미리 다짐받다. |
| 뒤를 캐다 | 드러나지 않은 속이나 행동을 알아내려고 은밀히 뒷조사를 하다. |
| 독 안에 든 쥐 | 궁지에서 벗어날 수 없는 처지를 비유적으로 이르는 말. |

## 고유어

### ㄷ

| | |
|---|---|
| 단것 | 설탕류, 과자류 따위의 맛이 단 음식물. |
| 단김 | 달아올라 뜨거운 김. |
| 단내 | 달콤한 냄새. 예) 어디서 단내가 솔솔 난다. |
| 단비 | 꼭 필요한 때 알맞게 내리는 비. |
| 단출하다 | 식구나 구성원이 많지 않아서 홀가분하다. |
| 대단찮다 | 그다지 중요하지 않다. |
| 동그마니 | 사람이나 사물이 외따로 오뚝하게 있는 모양. |
| 동떨어지다 | 거리가 멀리 떨어지다. |
| 뒷동산 | 집이나 마을 뒤에 있는 동산. 예) 우리가 함께 뛰어놀던 뒷동산. |
| 뒤돌다 | 뒤로 돌다. |
| 뒤섞다 | 물건 따위를 한데 그러모아 마구 섞다. |
| 동냥 | 거지나 동냥아치가 돌아다니며 돈이나 물건 따위를 거저 달라고 비는 일. 또는 그렇게 얻은 돈이나 물건. |

경어 : 상대를 공경하는 뜻의 말.

핀잔하다 : 맞대어 놓고 언짢게 꾸짖거나 비꼬아 꾸짖다.

뒷조사 : 드러나지 않게 은밀히 살피고 알아봄. 또는 그런 일

오뚝하다 : 작은 물건이 도드라지게 높이 솟아 있는 상태이다.

동산 : 마을 부근에 있는 작은 산이나 언덕.

거저 : 아무런 노력이나 대가 없이.

## 속담

**ㄷ**

| | |
|---|---|
| 다 가도 문턱 못 넘기 | 애써 일을 하였으나 끝맺음을 못하여 보람이 없게 됨을 비유적으로 이르는 말. |
| 다 퍼먹은 김칫독에 빠진다 | 남들이 이익을 보고 다 물러간 뒤에 함부로 덤벼들었다가 큰 손해를 보는 것을 비유적으로 이르는 말. |
| 단풍도 떨어질 때에 떨어진다 | 무엇이나 제때가 있다는 말. |
| 달도 차면 기운다 | 세상의 온갖 것이 한번 번성하면 다시 쇠하기 마련이라는 말. |
| 도적은 제 발이 저려서 뛴다 | 지은 죄가 있으면 자연히 마음이 조마조마하여짐을 비유적으로 이르는 말. |
| 독수리는 파리를 못 잡는다 | 각자 능력에 맞는 일이 따로 있다는 말. |
| 닭 길러 족제비 좋은 일 시킨다 | 애써 기른 닭을 족제비가 물어 갔다는 뜻으로, 애써 하던 일이 남에게만 좋은 일이 되어 버림을 비유적으로 이르는 말. |

## 한자성어

**ㄷ**

| | |
|---|---|
| 다복다남 | 복이 많고 아들이 많다는 뜻으로, 팔자가 좋음을 이르는 말. |
| 다사다망 | 일이 많아 몹시 바쁨. |
| 대경실색 | 몹시 놀라 얼굴빛이 하얗게 질림. |
| 대성통곡 | 큰 소리로 몹시 슬프게 곡을 함. |
| 대의명분 | 사람으로서 마땅히 지키고 행하여야 할 도리나 본분. |
| 돈불고견 | 전혀 돌아보지 아니함. |
| 동문서답 | 물음과는 전혀 상관없는 엉뚱한 대답. |
| 등고자비 | 높은 곳에 오르려면 낮은 곳에서부터 오른다는 뜻으로, 일을 순서대로 하여야 함을 이르는 말. |
| 동행서주 | 동쪽으로 가고 서쪽으로 뛰어간다는 뜻으로, 이리저리 바삐 돌아다님을 이르는 말. |
| 등하불명 | 등잔 밑이 어둡다는 뜻으로, 가까이에 있는 물건이나 사람을 잘 찾지 못함을 이르는 말. |

**번성하다**: 한창 성하게 일어나 퍼지다.

**쇠하다**: 힘이나 세력이 점점 줄어서 약해지다.

**팔자**: 사람의 한평생의 운수. 사주팔자에서 유래한 말로, 사람이 태어난 해와 달과 날과 시간을 간지(干支)로 나타내면 여덟 글자가 되는데, 이 속에 일생의 운명이 정해져 있다고 본다.

**본분**: 사람이 저마다 가지는 본디의 신분.

25

| | |
|---|---|
| 다가구 | 여러 가구. 흔히 하나의 단독 주택 안에 있는 여러 가구를 가리킨다. |
| 다각화 | 여러 방면이나 부문에 걸치도록 함. |
| 다갈색 | 조금 검은빛을 띤 갈색. |
| 다과 | 차와 과실을 아울러 이르는 말. 예) 손님을 위한 다과를 준비했다. |
| 다국적 | 여러 나라가 참여하거나 여러 나라의 것이 섞여 있음. 또는 그런 것. |
| 다도 | 차를 달이거나 마실 때의 방식이나 예의범절. |
| 다독가 | 글을 많이 읽는 사람. 예) 그는 독서를 좋아하는 다독가이다. |
| 다례 | 차를 대접하는 의식. |
| 다면각 | 셋 이상의 평면이 한 점에서 만나 이루어진 각. 면의 개수에 따라 삼면각, 사면각, 육면각 따위가 있다. |
| 다면화 | 여러 방면에 걸치는 특성을 갖게 함. |
| 다목적 | 여러 가지 목적. 예) 다목적으로 사용할 수 있어 더욱 편리하다. |
| 다문화 | 한 사회 안에 여러 민족이나 여러 국가의 문화가 혼재하는 것을 이르는 말. |
| 다발성 | 여러 가지 일이 함께 일어나는 성질. |
| 다방면 | 여러 방면. 예) 다방면에 재능이 있는 사람이었다. |
| 다산모 | 아이를 많이 낳은 어머니. |
| 다소간 | 많든 적든 얼마간. |
| 다원주의 | 개인이나 여러 집단이 기본으로 삼는 원칙이나 목적이 서로 다를 수 있음을 인정하는 태도. |
| 다의적 | 한 낱말이나 표현에 여러 가지 뜻이 있는 것. |
| 다층주택 | 4층 이상으로 지은 주택. 예) 옆동네 다층주택을 분양받았다. |
| 동시다발 | 같은 시기에 여러 가지가 발생함. 예) 동시다발적으로 발생한 문제. |
| 다행 | 뜻밖에 일이 잘되어 운이 좋음. 예) 제때 도착했다니 정말 다행이다. |
| 다화 | 차를 마시며 하는 이야기. |
| 단년도 | 단위로서의 1년. |
| 단도직입적 | 여러 말을 늘어놓지 아니하고 바로 요점이나 본문제에 들어가는 것. |
| 단신보도 | 짤막한 형식의 보도. |
| 당도 | 음식물에 들어 있는 단맛의 탄수화물 양을 그 음식물에 대하여 백분율로 나타낸 것. |

단독주택 : 한 채씩 따로 지은 집

혼재하다 : 뒤섞이어 있다.

대접하다 : 마땅한 예로써 대하다.

요점 : 가장 중요하고 중심이 되는 사실이나 관점.

| | |
|---|---|
| 대도시권 | 도시를 포함하여 그와 밀접한 관계가 있는 주변 지역. |
| 도난품 | 도둑을 맞은 물건. 예) 그 물건은 도난품이었다. |
| 도농 | 도시와 농촌을 아울러 이르는 말. |
| 도달률 | 가서 닿는 비율. |
| 도로망 | 그물처럼 이리저리 얽힌 도로의 체계. |
| 도로명 | 도로에 붙인 이름. 예) 처음 가는 길에서 도로명을 잘 기억해두었다. |
| 도료 | 물건의 겉에 칠하여 그것을 썩지 않게 하거나 외관상 아름답게 하는 재료. 바니시, 페인트, 옻칠 따위가 있다. |
| 도리 | 사람이 어떤 입장에서 마땅히 행하여야 할 바른길. |
| 도림 | 복사나무 숲. |
| 도망 | 피하거나 쫓기어 달아남. 예) 맞서지 못하고 도망가기 바빴다. |
| 도매 | 물건을 낱개로 사지 않고 모개로 삼. |
| 도매업자 | 물건을 모개로 파는 사람. 예) 첫 취업하여 하게 된 일은 도매업자였다. |
| 도모 | 어떤 일을 이루기 위하여 대책과 방법을 세움. |
| 도발자 | 남을 집적거려 일이 일어나게 하는 사람. |
| 도배 | 종이로 벽이나 반자, 장지 따위를 바르는 일. |
| 도벽 | 습관적으로 물건을 훔치는 버릇. 예) 타고난 도벽 때문에 인생을 망쳤다. |
| 도시권 | 도시 및 그와 밀접한 관계를 가진 주변 지역을 이르는 말. 통근권, 통학권, 쇼핑·오락권, 상권 따위의 요소를 종합적으로 파악하여 결정한다. |
| 도복 | 유도나 태권도 따위를 할 때 입는 운동복. |
| 도사 | 도를 갈고닦는 사람. |
| 도색 | 색깔이 나게 칠을 함. 또는 그 칠. 예) 우선 도색 작업을 끝내라. |
| 도시 | 일정한 지역의 정치·경제·문화의 중심이 되는, 사람이 많이 사는 지역. |
| 도의적 | 사람이 마땅히 지키고 행하여야 할 도덕적 의리가 있는 것. |
| 도전적 | 정면으로 맞서 싸움을 거는 것으로 보이는 것. |
| 도주로 | 도망쳐 달아나는 길. 예) 범인의 도주로를 파악하라. |
| 도취적 | 어떠한 것에 마음이 쏠려 취하다시피 된 것. |
| 도피처 | 도망하여 몸을 피하는 곳. |

외관상 : 겉모양의 측면

상권 : 상업상의 세력이 미치는 범위.

정면 : 똑바로 마주 보이는 면.

**관용구** .................................................................................................

빈 칸에 알맞은 낱말을 쓰시오.

1) ☐☐ 가 되다.

· 추위로 몹시 얼다.

2) ☐☐ 에 체조하다.

· 격에 맞지 않은 짓을 함을 핀잔하는 말.

3) ☐☐ 이 달다.

· 일이 뜻대로 되지 않아 몹시 안타까워하다.

4) ☐ 안에 든 ☐

· 궁지에서 벗어날 수 없는 처지를 비유적으로 이르는 말.


**고유어** .................................................................................................

밑줄 친 낱말의 알맞은 뜻을 찾아 번호를 쓰시오.

1) 오랜만에 내리는 <u>단비</u>였다. (          )

2) 이렇게 <u>뒤섞여</u> 버리니 찾기는 힘들겠다. (          )

3) 어디선가 <u>단내</u>가 난다. (          )

4) 그리 <u>대단찮은</u> 일이니 신경 쓸 필요가 없다. (          )

5) <u>단것</u>을 먹으니 훨씬 낫다. (          )

6) <u>단김</u>에 마무리까지 지었다. (          )

7) 목적지에서 매우 <u>동떨어진</u> 위치에 있다. (          )

① 달콤한 냄새.
② 그다지 중요하지 않다.
③ 꼭 필요한 때 알맞게 내리는 비.
④ 설탕류, 과자류 따위의 맛이 단 음식물.
⑤ 달아올라 뜨거운 김.
⑥ 거리가 멀리 떨어지다.
⑦ 물건 따위를 한데 그러모아 마구 섞다.

## 속담

속담의 뜻을 찾아 연결하시오.

1) 독수리는 파리를 못 잡는다 ●

2) 단풍도 떨어질 때에 떨어진다 ●

3) 다 가도 문턱 못 넘기 ●

4) 다 퍼먹은 김칫독에 빠진다 ●

5) 달도 차면 기운다 ●

6) 도적은 제 발이 저려서 띈다 ●

● ㉠ 남들이 이익을 보고 다 물러간 뒤에 함부로 덤벼들었다가 큰 손해를 보는 것을 비유적으로 이르는 말.

● ㉡ 세상의 온갖 것이 한번 번성하면 다시 쇠하기 마련이라는 말.

● ㉢ 지은 죄가 있으면 자연히 마음이 조마조마하여짐을 비유적으로 이르는 말.

● ㉣ 각자 능력에 맞는 일이 따로 있다는 말.

● ㉤ 무엇이나 제때가 있다는 말.

● ㉥ 애써 일을 하였으나 끝맺음을 못하여 보람이 없게 됨을 비유적으로 이르는 말.

## 한자성어

보기를 보고 빈칸에 알맞은 말을 쓰시오.

1) 몹시 놀라 얼굴빛이 하얗게 질림.

2) 큰 소리로 몹시 슬프게 곡을 함.

3) 물음과는 전혀 상관없는 엉뚱한 대답.

4) 일이 많아 몹시 바쁨.

5) 등잔 밑이 어둡다는 뜻으로, 가까이에 있는 물건이나 사람을 잘 찾지 못함을 이르는 말.

6) 사람으로서 마땅히 지키고 행하여야 할 도리나 본분.

7) 동쪽으로 가고 서쪽으로 뛰어간다는 뜻으로, 이리저리 바삐 돌아다님을 이르는 말.

8) 높은 곳에 오르려면 낮은 곳에서부터 오른다는 뜻으로, 일을 순서대로 하여야 함을 이르는 말.

| 보기 | 등하불명 | 다사다망 | 대의명분 | 동행서주 |
|------|---------|---------|---------|---------|
|      | 동문서답 | 대경실색 | 대성통곡 | 등고자비 |

빈 칸에 알맞은 말을 쓰시오.

1) 그는 많은 책을 소유하고 있고 [ ][ ][ ] 로 유명했다.

· 글을 많이 읽는 사람.

2) 새로 산 구두는 [ ][ ][ ] 이고 사이즈가 딱 맞았다.

· 조금 검은빛을 띤 갈색.

3) 친구들과 함께 [ ][ ] 를 배우기로 했다.

· 차를 달이거나 마실 때의 방식이나 예의범절.

4) 거의 모든 일은 [ ][ ][ ] 적으로 일어났다.

· 같은 시기에 여러 가지가 발생함.

5) 돌려 말하지 않고 [ ][ ][ ] 적으로 말했다.

· 여러 말을 늘어놓지 아니하고 바로 요점이나 본문제에 들어가는 것.

6) 과일을 고르실 때 옆에 표기된 [ ][ ] 를 확인하세요.

· 음식물에 들어 있는 단맛의 탄수화물 양을 그 음식물에 대하여 백분율로 나타낸 것.

7) 이 도구는 [ ][ ][ ] 으로 사용되고 있습니다.

· 여러 가지 목적.

8) [ ][ ][ ] 의 차이가 있긴 했지만 괜찮았다.

· 많든 적든 얼마간.

9) 저 골목의 [ ][ ][ ][ ] 의 2층에 위치하고 있어요.

· 4층 이상으로 지은 주택.

10) 뒤늦게 없어진 것을 알고 [　　] 신고를 했다.

· 도둑을 맞은 물건.

11) 네 [　　] 을 세탁해서 걸어놨다.

· 유도나 태권도 따위를 할 때 입는 운동복.

12) 아무도 그에게 [　　] 이 있을 거라고 생각하지 못했다.

· 습관적으로 물건을 훔치는 버릇.

13) 사람으로서 마땅히 해야 할 [　　] 를 지키고 살아야 할 것이다.

· 사람이 어떤 입장에서 마땅히 행하여야 할 바른길.

14) 드디어 기나긴 [　　] 공사가 끝났다.

· 색깔이 나게 칠을 함. 또는 그 칠.

15) 고향을 떠나 새로운 [　　] 로 정착했다.

· 일정한 지역의 정치 · 경제 · 문화의 중심이 되는, 사람이 많이 사는 지역.

16) 문제 해결도 못하고 [　　] 만 찾고 있다니!

· 도망하여 몸을 피하는 곳.

17) 이미 [　　] 는 들킨 지 오래다.

· 도망쳐 달아나는 길.

18) 그건 [　　] 으로도 문제가 된다.

· 사람이 마땅히 지키고 행하여야 할 도덕적 의리가 있는 것.

## 관용구

**CC**

| | |
|---|---|
| 딴게 아니라 | 다른 까닭이 있는 게 아니라. |
| 땀이 빠지다 | 몹시 힘들거나 애가 쓰이다. 예)얼마나 긴장했는지 땀이 빠질 노릇이다. |
| 땀으로 미역을 감다 | 땀을 매우 많이 흘리다. |
| 땅을 칠 노릇 | 몹시 분하고 애통함을 이르는 말. 예) 너무 억울해서 땅을 칠 노릇이다. |
| 땅띔도 못 하다 | 조금도 알아내지 못하다. 예)열심히 조사했지만 땅띔도 못했다. |
| 뚜껑을 열다 | 사물의 내용이나 결과 따위를 보다. |
| 뚜껑을 덮다 | 하던 말이나 일을 그만두다. |
| 뚜껑이 열리다 | 사물의 내용이나 결과 따위가 드러나다. |
| 뛰지도 걷지도 못하다 | 이러지도 저러지도 못하는 매우 난처한 처지에 빠져 옴짝달싹 못 하다. |
| 따리를 붙이다 | 남의 마음을 사려고 아첨하다. |

## 고유어

**CC**

| | |
|---|---|
| 따깜질 | 큰 덩이에서 조금씩 뜯어내는 짓. |
| 따끔거리다 | 따가울 정도로 매우 더운 느낌이 자꾸 들다. |
| 따돌리다 | 밉거나 싫은 사람을 따로 떼어 멀리하다. 예) 따돌리는 행동은 나쁘다. |
| 따뜻한구름 | 온도가 평균 이상으로 높은 구름. |
| 따라붙다 | 앞선 것을 바짝 뒤따르다. 예) 속도를 내서 달렸더니 금방 따라붙었다. |
| 따로나다 | 가족의 일부가 딴살림을 차려 나가다. |
| 따르릉 | 전화벨이나 자명종 따위가 한 번 울리는 소리. |
| 따사하다 | 조금 따뜻하다. '다사하다'보다 센 느낌을 준다. |
| 또각거리다 | 구둣발로 단단한 바닥을 급히 걸어가는 소리가 잇따라 나다. |
| 또다시 | 거듭하여 다시. 예) 또다시 시작된 인연. |
| 또래 | 나이나 수준이 서로 비슷한 무리. 예) 또래끼리 모여서 더욱 즐겁다. |
| 또한 | ①어떤 것을 전제로 하고 그것과 같게. ②그 위에 더. 또는 거기에다 더. |

**애통하다**:슬퍼하고 가슴 아파하다.

**난처하다**:이럴 수도 없고 저럴 수도 없어 처신하기 곤란하다.

**평균**:여러 사물의 질이나 양 따위를 통일적으로 고르게 한 것.

**딴살림**:본래 살던 집에서 떨어져 나와 따로 사는 살림.

**구둣발**:구두를 신은 발.

| | |
|---|---|
| 딴것 | 해당하는 것이 아닌 다른 것. |
| 딴눈 | 다른 곳을 보는 눈. |
| 딴마음 | 주의를 기울이지 않고 다른 것을 생각하는 마음. |
| 딴말하다 | 주어진 상황과 아무런 관련이 없는 말을 하다. |
| 딴사람 | 모습이나 행위, 신분 따위가 전과는 달라진 사람. |
| 딴생각하다 | 미리 정해진 것에 어긋나는 생각을 하다. |
| 딴은 | 남의 행위나 말을 긍정하여 그럴 듯도 하다는 뜻을 나타내는 말. |
| 딴전 | 어떤 일을 하는 데 그 일과는 전혀 관계없는 일이나 행동. |
| 딴집살이 | 따로 살림을 나서 사는 일. |
| 딴청 | 어떤 일을 하는 데 그 일과는 전혀 관계없는 일이나 행동. |
| 뚱딴지 | 완고하고 우둔하며 무뚝뚝한 사람을 놀림조로 이르는 말. |

주의 : 마음에 새겨 두고 조심함.

살림 : 한집안을 이 루어 살아가는 일.

## 속담

**ㄸ**

| | |
|---|---|
| 딱따구리 부작 | 무엇이든지 완벽하게 하려고 하지 않고 명색만 그럴듯하게 갖추는 것을 이르는 말. |
| 땅내가 고소하다 | 머지않아 죽게 될 것 같다는 말. |
| 땅을 팔 노릇 | 사정이 불가능하여 할 수 없는 것을 억지로 우기며 고집을 피울 때 하는 말. |
| 땅벌 집 보고 꿀 돈 내 어 쓴다 | 일이 되기도 전에 거기서 나올 이익부터 생각하여 돈을 앞당겨 씀을 비 유적으로 이르는 말. |
| 땅 넓은 줄을 모르고 하늘 높은 줄만 안다 | 키만 홀쭉하게 크고 마른 사람을 놀림조로 이르는 말. |
| 떡갈나무에 회초리 나 고, 바늘 간 데 실이 따 라간다 | 두 가지 사물의 관련성이 썩 긴밀함을 비유적으로 이르는 말. |
| 땡감을 따 먹어도 이승 이 좋다 | 아무리 천하고 고생스럽게 살더라도 죽는 것보다는 사는 것이 나음을 이 르는 말. |

긴밀하다 : 서로의 관계가 매우 가까 워 빈틈이 없다.

## 문제로 실력 쌓기

### 관용구

빈 칸에 알맞은 낱말을 쓰시오.

1) ☐이 빠지다.

· 몹시 힘들거나 애가 쓰이다.

2) ☐을 칠 노릇

· 몹시 분하고 애통함을 이르는 말.

3) ☐☐을 열다.

· 힘이나 노력을 많이 들이다.

4) ☐☐☐도 걷지도 못한다.

· 이러지도 저러지도 못하는 매우 난처한 처지에 빠져 옴짝달싹 못 하다.

### 고유어

밑줄 친 낱말의 알맞은 뜻을 찾아 번호를 쓰시오.

1) 자기 편 만들어놓고 한 사람을 <u>따돌리는</u> 일은 비겁한 행동입니다. (　　　)

2) <u>또다시</u> 그 일이 반복될 조짐이 보였다. (　　　)

3) 역시 어울리기에는 <u>또래</u>가 가장 좋다. (　　　)

4) 점점 속도를 내더니 거의 다 <u>따라붙었다</u>. (　　　)

5) <u>따사한</u> 햇볕이 드리우는 오후. (　　　)

6) 형제끼리 <u>따로난</u> 채로 살아온지 오래다. (　　　)

7) <u>또한</u> 큰 비가 계속 내릴 우려도 있었다. (　　　)

> ① 앞선 것을 바짝 뒤따르다.
> ② 조금 따뜻하다. '다사하다'보다 센 느낌을 준다.
> ③ 가족의 일부가 딴살림을 차려 나가다.
> ④ 그 위에 더. 또는 거기에다 더.
> ⑤ 밉거나 싫은 사람을 따로 떼어 멀리하다.
> ⑥ 거듭하여 다시.
> ⑦ 나이나 수준이 서로 비슷한 무리.

## 속담

속담의 뜻을 찾아 연결하시오.

1) 땅내가 고소하다 ● ● ㉠ 사정이 불가능하여 할 수 없는 것을 억지로 우기며 고집을 피울 때 하는 말.

2) 딱따구리 부작 ● ● ㉡ 키만 홀쭉하게 크고 마른 사람을 놀림조로 이르는 말.

3) 땅을 팔 노릇 ● ● ㉢ 아무리 천하고 고생스럽게 살더라도 죽는 것보다는 사는 것이 나음을 이르는 말.

4) 땅 넓은 줄을 모르고 하늘 높은 줄만 안다 ● ● ㉣ 머지않아 죽게 될 것 같다는 말.

5) 땡감을 따 먹어도 이승이 좋다 ● ● ㉤ 두 가지 사물의 관련성이 썩 긴밀함을 비유적으로 이르는 말.

6) 떡갈나무에 회초리 나고, 바늘 간 데 실이 따라간다 ● ● ㉥ 무엇이든지 완벽하게 하려고 하지 않고 명색만 그럴듯하게 갖추는 것을 이르는 말.

## 어휘

1) 예상대로 그는 [  ][  ] 을 하기 시작했다.

· 주어진 상황과 아무런 관련이 없는 말을 하다.

2) 괜히 대답하기 싫으니까 [  ][  ] 부리네.

· 어떤 일을 하는 데 그 일과는 전혀 관계없는 일이나 행동.

3) 수업 시간에 집중하지 못하고 [  ][  ][  ] 을 하는 것 같다.

· 미리 정해진 것에 어긋나는 생각을 하다.

4) 자꾸 물어봤지만 불편한 기색으로 [  ][  ] 을 했다.

· 어떤 일을 하는 데 그 일과는 전혀 관계없는 일이나 행동.

35

## 관용구

🔲

| | |
|---|---|
| 마음에 없다 | 무엇을 하거나 가지고 싶은 생각이 없다. 예) 마음에 없으면서 왜 왔어? |
| 마침표를 찍다 | 어떤 일이 끝장이 나거나 끝장을 내다. 예) 이제는 마침표를 찍을 타이밍. |
| 말마디나 하다 | 말을 꽤 조리 있게 잘하다. |
| 목이 마르게 | 몹시 애타게. 예) 목이 마르게 기다렸다. |
| 말이 되다 | 말하는 것이 이치에 맞다. 예) 네 이야기를 들어보니 말이 된다. |
| 말만 앞세우다 | 말만 앞질러 하고 실천은 하지 않다. |
| 말이 무겁다 | 함부로 경솔하게 말하지 아니하고 신중하다. 예) 원래 말이 무거운 사람이다. |
| 말이 있다 | 어떤 말이 상정되거나 토론이 되다. |
| 말짱 도루묵 | 아무 소득이 없는 헛된 일이나 헛수고를 속되게 이르는 말. |
| 못 말리다 | 일이나 상황이 너무 뜻밖이어서 기가 막히다. |

## 고유어

🔲

| | |
|---|---|
| 말값 | 어떠한 말을 한 보람이나 그 말에 대한 대가. |
| 말갛다 | 산뜻하게 맑다. 예) 말간 하늘에 흘러가는 흰구름. |
| 말괄량이 | 말이나 행동이 얌전하지 못하고 덜렁거리는 여자. |
| 말끔하다 | 티 없이 맑고 환하게 깨끗하다. 예) 말끔한 차림새를 보니 안심이 된다. |
| 말뚝잠 | 꼿꼿이 앉은 채로 자는 잠. 예) 너무 피곤해서 전철에서 말뚝잠을 잤다. |
| 말맵시 | 말하는 모습이나 태도. |
| 말싸움 | 말로 옳고 그름을 가리는 다툼. 예) 말싸움 하느라 시간을 허비했다. |
| 말전주하다 | 이 사람에게는 저 사람 말을, 저 사람에게는 이 사람 말을 좋지 않게 전하여 이간질하다. |
| 말주변 | 말을 이리저리 척척 잘 둘러대는 슬기나 능력. 예) 말주변이 없어 고민이다. |
| 말치레 | 실속 없이 말로 겉만 꾸미는 일. |
| 말캉하다 | 너무 익거나 곯아서 물크러질 정도로 말랑하다. |
| 말타박 | 말로 나무라거나 탓함. 예) 갑자기 말타박을 듣고 나니 기분이 좋지 않다. |

끝장: 일이 더 나아갈 수 없는 막다른 상태.

상정되다: 토의할 안건이 회의 석상에 내어놓아지다.

이간질: 두 사람이나 나라 따위의 중간에서 서로를 멀어지게 하는 일을 낮잡아 이르는 말.

실속: 군더더기가 없는, 실지의 알맹이가 되는 내용.

## 속담

🅜

| | |
|---|---|
| 마당삼을 캐었다 | 힘들이지 아니하고 무슨 일에 쉽게 성공했다는 말. |
| 마당 터진 데 솔뿌리 걱정한다 | 마당이 벌어졌는데 그릇이 터졌을 때 필요한 솔뿌리를 걱정한다는 뜻으로, 당치도 아니한 것으로 사건을 수습하려 하는 어리석음을 비웃는 말. |
| 마루 밑에 볕 들 때가 있다 | 마루 밑과 같은 음침한 곳에도 볕이 들 때가 있는 것처럼, 어떤 일이나 고정불변한 것은 없음을 비유적으로 이르는 말. |
| 마음에 없으면 보이지도 않는다 | 생각이나 뜻이 없으면 이루어지는 것이 없음을 이르는 말. |
| 목마른 놈이 우물 판다 | 일 급하고 일이 필요한 사람이 그 일을 서둘러 하게 되어 있다는 말. |
| 말 한마디에 천금이 오르내린다 | 한 마디 한 마디의 말이 중요하다는 말. |
| 명태 한 마리 놓고 딴 전 본다 | 하고 있는 일과는 상관없는 엉뚱한 일을 함을 이르는 말. |

## 한자성어

🅜

| | |
|---|---|
| 막불감동 | 감동하지 아니할 수 없음. |
| 막연부지 | 뚜렷하지 못하고 어렴풋하여 알지 못함. |
| 만고강산 | 아주 오랜 세월 동안 변함이 없는 산천. |
| 만고불멸 | 아주 오랜 세월 동안 없어지지 아니함. |
| 만고절담 | 세상에 비길 데 없이 훌륭한 말. |
| 만년지택 | 오랜 기간 동안 쓰도록 기초를 튼튼히 하여 잘 지은 집. |
| 만면수색 | 얼굴에 가득 찬 근심의 빛. |
| 만물박사 | 여러 방면에 모르는 것이 없는 매우 박식한 사람을 비유적으로 이르는 말. |
| 만분지일 | 만으로 나눈 것의 하나라는 뜻으로, 아주 적은 경우를 이르는 말. |
| 만세불변 | 영원히 변하지 아니함. |
| 막역지간 | 서로 거스르지 않는 사이라는 뜻으로, 허물없는 아주 친한 사이를 이르는 말. |

수습하다 : 흩어진 재산이나 물건을 거두어 정돈하다.

음침하다 : 성질이 명랑하지 못하고 의뭉스럽다.

엉뚱하다 : 상식적으로 생각하는 것과 전혀 다르다.

비기다 : 서로 견주어 보다.

허물없다 : 서로 매우 친하여, 체면을 돌보거나 조심할 필요가 없다.

⬛

| | |
|---|---|
| 마귀 | 요사스럽고 못된 잡귀를 통틀어 이르는 말. |
| 마력 | 사람을 현혹하는, 원인을 알 수 없는 이상한 힘. |
| 마멸 | 갈려서 닳아 없어짐. |
| 마모 | 마찰 부분이 닳아서 없어짐. 예) 오래 사용해서 마모가 되었다. |
| 마분지 | 종이의 하나. 주로 짚을 원료로 하여 만드는데, 빛이 누렇고 질이 낮다. |
| 마찰음 | 입안이나 목청 따위의 조음 기관이 좁혀진 사이로 공기가 비집고 나오면서 마찰하여 나는 소리. 'ㅅ', 'ㅆ', 'ㅎ' 따위가 있다. |
| 마파두부 | 중국요리의 하나. 두부와 다진 고기에다 된장, 조미료 따위를 넣고 볶아 만든다. |
| 마수 | 음험하고 흉악한 손길. |
| 마술사 | 마술을 부리는 것을 전문으로 하는 사람. |
| 마찰 | 두 물체가 서로 닿아 비벼짐. 또는 그렇게 함. |
| 마찰상 | 마찰로 인하여 생긴 상처. 예) 약간의 마찰상이 생겨 연고를 발랐다. |
| 마천루 | 하늘을 찌를 듯이 솟은 아주 높은 고층 건물. |
| 맹모 | 맹자의 어머니. 아들의 교육을 위하여 세 번이나 이사를 하고 베틀의 베를 끊어 보여 현모(賢母)의 귀감으로 불린다. |
| 마취 | 약물 따위를 이용하여 얼마 동안 의식이나 감각을 잃게 함. |
| 만모 | 해가 질 무렵. 예) 화려한 노을빛이 물드는 만모의 순간. |
| 모객 | 상품을 팔기 위해 손님을 찾아 모음. 예) 지금은 모객에 집중할 때다. |
| 모계 | 어머니 쪽의 핏줄 계통. |
| 모공 | 털이 나는 작은 구멍. 예) 모공이 크고 넓게 그냥 드러나 보였다. |
| 모교 | 자기가 다니거나 졸업한 학교. 예) 친구들과 모교를 방문했다. |
| 모국어 | 자기 나라의 말. 주로 외국에 나가 있는 사람이 고국의 말을 이를 때에 쓴다. |
| 모낭 | 피 안에서 털뿌리를 싸고 털의 영양을 맡아보는 주머니. |
| 모녀 | 어머니와 딸을 아울러 이르는 말. |
| 모독 | 말이나 행동으로 더럽혀 욕되게 함. 예) 고인을 모독하는 말은 삼가해주세요. |
| 모략 | 계책이나 책략. 예) 속이 뻔히 들여다보이는 모략이다. |
| 모기업 | 이미 있던 기업에서 한 기업이 독립하여 나왔을 때, 그 모체가 되는 기업을 이르는 말. |

**현혹하다**: 정신을 빼앗겨 하여야 할 바를 잊어버리다. 또는 그렇게 되게 하다.

**음험하다**: 겉으로는 부드럽고 솔직한 체하나, 속은 내숭스럽고 음흉하다.

**현모**: 어진 어머니.

**책략**: 어떤 일을 꾸미고 이루어 나가는 교묘한 방법.

| | |
|---|---|
| 모면책 | 어떤 일이나 책임을 벗어날 수 있는 방법이나 꾀. |
| 모멸감 | 모멸스러운 느낌. |
| 모모인 | 아무아무 여러 사람. |
| 모반 | 배반을 꾀함. 예) 모반을 꾀한 자를 밀고했다. |
| 목마 | 나무로 말의 모양을 깎아 만든 물건. 어린이의 오락이나 승마 연습 따위에 쓴다. |
| 만년필 | 글씨를 쓰는 펜의 하나. 펜대 속에 넣은 잉크가 펜촉으로 흘러나와 오래 쓸 수 있다. |
| 모발 | 사람의 몸에 난 털을 통틀어 이르는 말. 예) 검고 윤기있는 모발. |
| 모범 | 본받아 배울 만한 대상. 예) 친절하고 성실한 그는 모범이 되는 직원이었다. |
| 모사품 | 원작의 그림을 그대로 옮기어 그린 미술 작품. |
| 모선망 | 어머니가 아버지보다 먼저 세상을 떠남. |
| 모성 | 여성이 어머니로서 가지는 정신적·육체적 성질. 또는 그런 본능. |
| 면역 | 반복되는 자극 따위에 반응하지 않고 무감각해지는 상태를 비유적으로 이르는 말. |
| 모욕 | 깔보고 욕되게 함. |
| 모정 | 자식에 대한 어머니의 정. 예) 빗나간 모정에 모두가 불행해졌다. |
| 모조품 | 다른 물건을 본떠서 만든 물건. 예) 모조품은 이내 구별할 수 있다. |
| 모질 | 털의 품질. |
| 모험심 | 위험을 무릅쓰고 어떠한 일을 하려는 마음. |
| 밀모 | 몰래 의논하여 일을 꾸밈. |
| 목가적 | 농촌처럼 소박하고 평화로우며 서정적인 것. |
| 목격담 | 목격한 것에 대한 이야기. 예) 계속 목격담이 있었다. |
| 목공예 | 나무를 가공한 공예품. 또는 그런 가공 기술. |
| 목록 | 어떤 물품의 이름이나 책 제목 따위를 일정한 순서로 적은 것. |
| 목석한 | 나무나 돌처럼 인정이 없고 감정이 무딘 사나이를 비유적으로 이르는 말. |
| 목재 | 건축이나 가구 따위에 쓰는, 나무로 된 재료. |
| 만담 | 재미있고 익살스럽게 세상이나 인정을 비판·풍자하는 이야기를 함. 또는 그 이야기. |

모멸스럽다 : 업신여기고 얕잡아보는 느낌이 있다.

원작 : 본디의 저작이나 제작.

소박하다 : 꾸밈이나 거짓이 없고 수수하다.

인정 : 어진 마음씨.

## 문제로 실력 쌓기

**관용구** ..................................................................................................

빈 칸에 알맞은 낱말을 쓰시오.

1) ☐ 이 마르게.
   • 몹시 애타게.

2) ☐☐ 에 없다.
   • 무엇을 하거나 가지고 싶은 생각이 없다.

3) ☐ 이 되다.
   • 말하는 것이 이치에 맞다.

4) ☐ 이 있다.
   • 어떤 말이 상정되거나 토론이 되다.

**고유어** ..................................................................................................

밑줄 친 낱말의 알맞은 뜻을 찾아 번호를 쓰시오.

1) 그녀는 우아한 자태에 말맵시가 뛰어났다. (     )

2) 잘 들어보면 그저 말치레에 지나지 않는다는 것을 알게 된다. (     )

3) 청소가 끝난지 얼마 안 되어서 그런지 말끔한 상태였다. (     )

4) 계속 하대하는 태도를 보였고 말타박을 하는 통에 옆에 있을 수 없었다. (     )

5) 처음부터 마음에 안 들어서 말싸움이 멈추지 않았다. (     )

6) 말주변은 없어도 속은 깊은 사람이다. (     )

7) 어릴 적 말괄량이였던 그 애가 어느 덧 숙녀가 되었다. (     )

> ① 말이나 행동이 얌전하지 못하고 덜렁거리는 여자.
> ② 말하는 모습이나 태도.
> ③ 말로 옳고 그름을 가리는 다툼.
> ④ 말을 이리저리 척척 잘 둘러대는 슬기나 능력.
> ⑤ 실속 없이 말로 겉만 꾸미는 일.
> ⑥ 티 없이 맑고 환하게 깨끗하다.
> ⑦ 말로 나무라거나 탓함.

## 속담

속담의 뜻을 찾아 연결하시오.

1) 말 한마디에 천금이 오 르내린다. ●

2) 명태 한 마리 놓고 딴전 본다. ●

3) 목마른 놈이 우물 판다. ●

4) 마당 터진 데 솔뿌리 걱 정한다. ●

5) 마당삼을 캐었다. ●

6) 마음에 없으면 보이지 도 않는다. ●

● ㉠ 일 급하고 일이 필요한 사람이 그 일을 서둘러 하게 되 어 있다는 말.

● ㉡ 한 마디 한 마디의 말이 중요하다는 말.

● ㉢ 하고 있는 일과는 상관없는 엉뚱한 일을 함을 이르는 말.

● ㉣ 힘들이지 아니하고 무슨 일에 쉽게 성공했다는 말.

● ㉤ 생각이나 뜻이 없으면 이루어지는 것이 없음을 이르는 말.

● ㉥ 마당이 벌어졌는데 그릇이 터졌을 때 필요한 솔뿌리를 걱정한다는 뜻으로, 당치도 아니한 것으로 사건을 수 습하려 하는 어리석음을 비웃는 말.

## 한자성어

보기를 보고 빈칸에 알맞은 말을 쓰시오.

1) 만으로 나눈 것의 하나라는 뜻으로, 아주 적은 경우를 이르는 말.

2) 얼굴에 가득 찬 근심의 빛.

3) 감동하지 아니할 수 없음.

4) 아주 오랜 세월 동안 변함이 없는 산천.

5) 세상에 비길 데 없이 훌륭한 말.

6) 오랜 기간 동안 쓰도록 기초를 튼튼히 하여 잘 지은 집.

7) 뚜렷하지 못하고 어렴풋하여 알지 못함.

8) 서로 거스르지 않는 사이라는 뜻으로, 허물없는 아주 친한 사이를 이르는 말.

보기
막역지간   만년지택   만고강산   만분지일
막연부지   만고절담   막불감동   만면수색

**어휘 탐구** ...................................................................................................................

빈 칸에 알맞은 말을 쓰시오.

1) 다음 날 그 [ ][ ] 는 또 찾아왔다.

· 어머니와 딸을 아울러 이르는 말.

2) 무엇보다도 [ ][ ][ ] 공부가 우선이다.

· 자기 나라의 말. 주로 외국에 나가 있는 사람이 고국의 말을 이를 때에 쓴다.

3) 그런 알량한 [ ][ ] 에 속을 내가 아니다.

· 계책이나 책략.

4) 세월이 지나 [ ][ ] 된 부분은 교체해야 했다.

· 마찰 부분이 닳아서 없어짐.

5) 서로간의 거리 조절이 되지 않아 [ ][ ] 이 발생했다.

· 두 물체가 서로 닿아 비벼짐. 또는 그렇게 함.

6) 졸업하고 10년 만에 [ ][ ] 에 방문했다.

· 자기가 다니거나 졸업한 학교.

7) 마술을 좋아했던 그는 취미로 [ ][ ][ ] 활동을 이어나갔다.

· 마술을 부리는 것을 전문으로 하는 사람.

8) 털이 빠지고 난 자리에 [ ][ ] 이 훤히 보였다.

· 털이 나는 작은 구멍.

9) 활발한 성격이었던 그는 [ ][ ] 에 자신이 있었다.

· 상품을 팔기 위해 손님을 찾아 모음.

10) 그의 원색적인 비난에 큰 [ ][ ][ ] 을 느꼈다.

· 모멸스러운 느낌.


11) 어릴 적에는 [ ][ ][ ] 이 있었으나 지금은 소심하다.

· 위험을 무릅쓰고 어떠한 일을 하려는 마음.


12) 어제 일어난 사건의 [ ][ ][ ] 이 이어졌다.

· 목격한 것에 대한 이야기.


13) 건물을 짓기 위한 [ ][ ] 가 모두 입고되었다.

· 건축이나 가구 따위에 쓰는, 나무로 된 재료.


14) 그는 그림도 잘 그리고 [ ][ ][ ] 의 솜씨도 놀라울 정도였다.

· 나무를 가공한 공예품. 또는 그런 가공 기술.


15) 시골로 내려가 [ ][ ][ ] 인 삶을 누리고 있었다.

· 농촌처럼 소박하고 평화로우며 서정적인 것.


16) 그는 거리낌없이 [ ][ ] 했다.

· 깔보고 욕되게 함.


17) 그는 겉으로는 충성하는 척하면서 속으로는 [ ][ ] 을 꾀하고 있었다.

· 배반을 꾀함.


18) 그는 품행이 바르고 인성도 좋아 [ ][ ] 이 되는 인물이다.

· 본받아 배울 만한 대상.

## 관용구

**ㅂ**

| | |
|---|---|
| 바닥을 긁다 | 생계가 곤란하다. 예) 직장을 잃고 바닥을 긁는 지경에 이르렀다. |
| 바닥을 기다 | 정도나 수준이 형편없다. 예) 아직도 바닥을 기는 수준입니다. |
| 바람을 쐬다 | 기분 전환을 위하여 바깥이나 딴 곳을 거닐거나 다니다. |
| 바람을 일으키다 | 사회적으로 많은 사람에게 영향을 미치다. |
| 발바닥에 불이 일다 | 부리나케 여기저기 돌아다니다. |
| 반나마 늙다 | 인생의 반 이상이 지나다. |
| 발을 붙일 곳이 없다 | 정착할 곳이 없다. 예) 그후에 발을 붙일 곳이 없는 처지가 되었다. |
| 발이 빠르다 | 알맞은 조치를 신속히 취하다. 예) 발 빠르게 문제를 해결했다. |
| 발길이 멀어지다 | 서로 찾아오거나 찾아가는 것이 뜸해지다. |
| 발동을 걸다 | 어떤 일을 할 태세를 갖추거나 어떤 일을 하도록 부추기다. |

**태세** : 어떤 일이나 상황을 앞둔 태도나 자세.

**정착하다** : 일정한 곳에 자리를 잡아 붙박이로 있거나 머물러 살다.

## 고유어

**ㅂ**

| | |
|---|---|
| 바글거리다 | 적은 양의 액체가 넓게 퍼지며 야단스럽게 자꾸 끓거나 솟아오르다. |
| 바깥말 | 바깥 세계에서 떠도는 말. |
| 바닥없이 | 밑이나 끝이 없이. 또는 하향세가 지속적이거나 깊이가 깊게. |
| 바닷길 | 배를 타고 바다를 통하여서 가는 길. |
| 바득바득 | 악지를 부려 자꾸 우기거나 조르는 모양. |
| 바삭거리다 | 가랑잎이나 마른 검불 따위의 잘 마른 물건을 가볍게 밟는 소리가 잇따라 나다. 또는 그런 소리를 잇따라 내다. |
| 발버둥 | 주저앉거나 누워서 두 다리를 번갈아 내뻗었다 오므렸다 하면서 몸부림을 하는 일. |
| 벼락바람 | 갑자기 휘몰아치는 바람. |
| 밤바다 | 어두운 밤의 바다. 예) 밤바다를 거닐며 시간을 보냈다. |
| 바이없이 | 어찌할 도리나 방법이 전혀 없이. |

**악지** : 잘 안될 일을 무리하게 해내려는 고집.

**검불** : 가느다란 마른 나뭇가지, 마른 풀, 낙엽 따위를 통틀어 이르는 말.

## 속담

### ㅂ

| | |
|---|---|
| 바늘보다 실이 굵다 | 바늘에 꿰야 할 실이 바늘보다 굵다는 뜻으로, 커야 할 것이 작고 작아야 할 것이 커서 사리에 어긋남을 비유적으로 이르는 말. |
| 바다는 메워도 사람의 욕심은 못 채운다 | 아무리 넓고 깊은 바다라도 메울 수는 있지만, 사람의 욕심은 끝이 없어 메울 수 없다는 뜻으로, 사람의 욕심이 한이 없음을 비유적으로 이르는 말. |
| 바람 간 데 범 간다 | 바늘이 가는 데 실이 항상 뒤따른다는 뜻으로, 사람의 긴밀한 관계를 비유적으로 이르는 말. |
| 바람받이에 선 촛불 | 언제 꺼질지 모르는 바람 앞의 등불이란 뜻으로, 매우 위태로운 처지에 놓여 있음을 비유적으로 이르는 말. |
| 바른말 하는 사람 귀염 못 받는다 | 남의 잘못을 따지고 곧은 이야기를 하는 사람은 모두들 꺼린다는 뜻으로, 남의 비위를 건드리는 말은 삼가라는 말. |
| 바위에 달걀 부딪치기 | 대항해도 도저히 이길 수 없는 경우를 비유적으로 이르는 말. |

사리: 그릇된 이치나 생각.

긴밀하다: 서로의 관계가 매우 가까워 빈틈이 없다.

## 한자성어

### ㅂ

| | |
|---|---|
| 박물군자 | 온갖 사물에 정통한 사람. |
| 박안대성 | 책상을 치며 큰 소리를 지름. |
| 박전박답 | 메마른 논과 밭. |
| 박학다문 | 학식과 견문이 매우 넓음. |
| 박학다재 | 학식이 넓고 재주가 많음. |
| 반신불수 | 병이나 사고로 반신이 마비되는 일. 또는 그런 사람. |
| 반흉반길 | 한편으로는 길하고 한편으로는 흉함. 또는 그런 일. |
| 방방곡곡 | 한 군데도 빠짐이 없는 모든 곳. |
| 방편도덕 | 그 자체가 목적이 되지 못하고 다른 것의 수단이 되는 도덕. |
| 반포지효 | 까마귀 새끼가 자라서 늙은 어미에게 먹이를 물어다 주는 효(孝)라는 뜻으로, 자식이 자란 후에 어버이의 은혜를 갚는 효성을 이르는 말. |
| 반불여초 | 처음과 같지 못하고 도리어 나빠진다는 뜻으로, 그대로 두는 것이 오히려 나음을 이르는 말. |

견문: 보고 들음.

은혜: 고맙게 베풀어 주는 신세나 혜택.

## 어휘

### ㅂ

| | |
|---|---|
| 반가공품 | 반 정도만 가공한 물품. |
| 반격 | 되받아 공격함. 예) 이제는 반격을 할 때다. |
| 반군 | 반란을 일으킨 군대. 예) 반군이 작전을 개시했다. |
| 반년 | 한 해의 반. 예) 벌써 반년이 지나갔다. |
| 반감 | 반대하거나 반항하는 감정. 예) 괜한 반감을 사는 일이다. |
| 반대급부 | 어떤 일에 대응하여 얻게 되는 이익. 예) 우선 반대급부도 생각해 봐야 한다. |
| 반대색 | 다른 색상의 두 빛깔이 섞여 하양이나 검정이 될 때, 이 두 빛깔을 서로 이르는 말. |
| 반대파 | 반대하는 무리. 예) 반대파부터 설득해야 한다. |
| 반려 | 주로 윗사람이나 상급 기관에 제출한 문서를 처리하지 않고 되돌려줌. |
| 반려묘 | 가족처럼 여기며 키우는 고양이. 예) 반려묘를 들이기로 결정했다. |
| 반려자 | 짝이 되는 사람. 예) 언젠가는 꼭 반려자를 만날 수 있을 것이다. |
| 반만년 | 만 년의 반, 곧 오천 년을 이르는 말. |
| 반목 | 서로서로 시기하고 미워함. 예) 서로 반목하고 날을 세워 대화가 되지 않았다. |
| 반문 | 물음에 대답하지 아니하고 되받아 물음. 또는 그 물음. |
| 반박 | 어떤 의견, 주장, 논설 따위에 반대하여 말함. |
| 반반 | 무엇을 절반으로 나누어서 가른 각각의 몫. |
| 반발력 | 되받아 퉁기는 힘. |
| 반복 | 같은 일을 되풀이함. 예) 잊지 않기 위해 계속 반복했다. |
| 반부담 | 절반 정도 부담함. |
| 반사면 | 빛을 받아 반사하는 면. |
| 반사적 | 어떤 자극에 순간적으로 무의식적 반응을 보이는 것. |
| 반사회적 | 사회의 규범이나 질서 또는 이익에 반대되는 것. |
| 반성문 | 자신의 언행에 대하여 잘못이나 부족함을 돌이켜 보며 쓴 글. |
| 반세상 | 한세상의 절반. |
| 반송 | 물건 따위를 운반하여 보냄. 예) 서류는 반송되어 돌아왔다. |
| 반숙란 | 반쯤 익도록 삶은 달걀. 예) 간식으로 반숙란을 먹고 있다. |
| 반승낙 | 확답은 아니지만 대체로 좋겠다는 정도의 받아들임. |

대응하다 : 어떤 일이나 사태에 맞추어 태도나 행동을 취하다.

논설 : 어떤 주제에 관하여 자기의 의견이나 주장을 조리 있게 설명함.

무의식적 : 자각이나 인식이 없는 의식 상태에서 일어나는 것.

46

| | |
|---|---|
| 반발심 | 어떤 상태나 행동 따위에 대하여 거스르고 반항하려는 마음. |
| 발각 | 숨기던 것이 드러남. 예) 모반 계획이 발각되었다. |
| 발견자 | 미처 찾아내지 못하였거나 아직 알려지지 아니한 사물이나 현상, 사실 따위를 찾아내거나 알아낸 사람. |
| 발간 | 책, 신문, 잡지 따위를 만들어 냄. |
| 발광 | 빛을 냄. |
| 발급 | 증명서 따위를 발행하여 줌. |
| 발단 | 어떤 일이 처음으로 벌어짐. 또는 그 일이 처음으로 시작됨. |
| 발령 | 명령을 내림. 또는 그 명령. 흔히 직책이나 직위와 관계된 경우를 이른다. |
| 발매 | 상품이나 증권 따위를 내어 팖. 또는 그것을 팔기 시작함. |
| 발명 | 아직까지 없던 기술이나 물건을 새로 생각하여 만들어 냄. |
| 발모 | 몸에 털이 남. 흔히 머리털이 나는 것을 이른다. |
| 발산 | 감정 따위를 밖으로 드러내어 해소함. 또는 분위기 따위를 한껏 드러냄. |
| 발색 | 컬러 필름이나 염색 따위의 색채의 됨됨이. |
| 발생 | 어떤 일이나 사물이 생겨남. |
| 발설 | 입 밖으로 말을 냄. 예) 이 이야기는 아무에게도 발설하지 마시오. |
| 발성 | 목소리를 냄. 또는 그 목소리. 예) 우선 발성 연습부터 해야 한다. |
| 발송 | 물건, 편지, 서류 따위를 우편이나 운송 수단을 이용하여 보냄. |
| 발신 | 우편이나 전신, 전화 따위를 보냄. 또는 그런 일. |
| 발심 | 어떤 일을 하기로 마음먹음. |
| 발아 | 초목의 눈이 틈. |
| 발악 | 온갖 짓을 다 하며 마구 악을 씀. 예) 그렇게 발악해봤자 소용없다. |
| 발암 | 암이 생김. 또는 암이 생기게 함. |
| 발언 | 말을 꺼내어 의견을 나타냄. 또는 그 말. |
| 발열 | 열이 남. 또는 열을 냄. |
| 발원 | 흐르는 물줄기가 처음 생김. 또는 그런 것. |
| 발육 | 생물체가 자라남. |
| 발음 | 음성을 냄. 또는 그 음성. 예) 발음이 또박또박해서 알아듣기 쉽다. |

반항하다 : 다른 사람이나 대상에 맞서 대들거나 반대하다.

증명서 : 어떤 사실을 증명하는 문서.

초목 : 풀과 나무를 아울러 이르는 말.

악 : 있는 힘을 다하여 모질게 마구 쓰는 기운.

**관용구** ................................................................

빈 칸에 알맞은 낱말을 쓰시오.

1) ☐☐ 을 걸다.

· 어떤 일을 할 태세를 갖추거나 어떤 일을 하도록 부추기다.

2) ☐☐ 을 기다.

· 정도나 수준이 형편없다.

3) ☐☐ 을 일으키다.

· 사회적으로 많은 사람에게 영향을 미치다.

4) ☐☐ 을 쐬다.

· 기분 전환을 위하여 바깥이나 딴 곳을 거닐거나 다니다.

**고유어** ................................................................

밑줄 친 낱말의 알맞은 뜻을 찾아 번호를 쓰시오.

1) 이렇게 함께 밤바다 를 걷게 되다니. (      )

2) 딱한 사정은 알고 있었지만 그저 바이없이 바라볼 뿐이었다. (      )

3) 드디어 바닷길이 열린 셈이다. (      )

4) 그런 바깥말 따위 신경 쓸 것 없다. (      )

5) 날이 추워지고 벼락바람이 불기 시작했다. (      )

6) 한참동안 바닥없이 떨어지는 주가를 보니 허망하다. (      )

7) 거짓말인 것을 들키고도 바득바득 우기고 있다. (      )

① 어두운 밤의 바다.
② 어찌할 도리나 방법이 전혀 없이.
③ 밑이나 끝이 없이. 또는 하향세가 지속적이거나 깊이가 깊게.
④ 악지를 부려 자꾸 우기거나 조르는 모양.
⑤ 배를 타고 바다를 통하여서 가는 길.
⑥ 갑자기 휘몰아치는 바람.
⑦ 바깥 세계에서 떠도는 말.

## 속담

속담의 뜻을 찾아 연결하시오.

1) 바른말 하는 사람 귀염
   못 받는다 ●

2) 바늘보다 실이 굵다 ●

3) 바위에 달걀 부딪치기 ●

4) 바람받이에 선 촛불 ●

5) 바다는 메워도 사람의
   욕심은 못 채운다 ●

6) 바람 간 데 범 간다 ●

● ㉠ 언제 꺼질지 모르는 바람 앞의 등불이란 뜻으로, 매우
   위태로운 처지에 놓여 있음을 비유적으로 이르는 말.

● ㉡ 아무리 넓고 깊은 바다라도 메울 수는 있지만, 사람의
   욕심은 끝이 없어 메울 수 없다는 뜻으로, 사람의 욕심
   이 한이 없음을 비유적으로 이르는 말.

● ㉢ 남의 잘못을 따지고 곧은 이야기를 하는 사람은 모두
   들 꺼린다는 뜻으로, 남의 비위를 건드리는 말은 삼가
   라는 말.

● ㉣ 바늘에 꿰야 할 실이 바늘보다 굵다는 뜻으로, 커야 할
   것이 작고 작아야 할 것이 커서 사리에 어긋남을 비유
   적으로 이르는 말.

● ㉤ 바늘이 가는 데 실이 항상 뒤따른다는 뜻으로, 사람의
   긴밀한 관계를 비유적으로 이르는 말.

● ㉥ 대항해도 도저히 이길 수 없는 경우를 비유적으로 이
   르는 말.

## 한자성어

보기를 보고 빈칸에 알맞은 말을 쓰시오.

1) 병이나 사고로 반신이 마비되는 일. 또는 그런 사람.

2) 메마른 논과 밭.

3) 학식이 넓고 재주가 많음.

4) 학식과 견문이 매우 넓음.

5) 온갖 사물에 정통한 사람.

6) 책상을 치며 큰 소리를 지름.

7) 한 군데도 빠짐이 없는 모든 곳.

8) 까마귀 새끼가 자라서 늙은 어미에게 먹이를 물어다 주는 효(孝)라는 뜻으로, 자
   식이 자란 후에 어버이의 은혜를 갚는 효성을 이르는 말.

| 보기 | 반포지효 방방곡곡 박학다문 박전박답 |
|---|---|
| | 박안대성 박물군자 박학다재 반신불수 |

**어휘 탐구** ..........................................................................................................

빈 칸에 알맞은 말을 쓰시오.

1) 호흡도 길고 ☐☐도 좋다.

· 목소리를 냄. 또는 그 목소리.

2) 거짓말을 들키자 ☐☐을 한다.

· 온갖 짓을 다 하며 마구 악을 씀.

3) 마지막까지 ☐☐ 할 기회가 주어지지 않았다.

· 말을 꺼내어 의견을 나타냄. 또는 그 말.

4) 참으로 듣기 좋은 ☐☐.

· 음성을 냄. 또는 그 음성.

5) 부모의 편애는 형제들이 서로 ☐☐ 하게 만들었다.

· 서로서로 시기하고 미워함.

6) 지나치게 강요하면 오히려 ☐☐이 생긴다.

· 어떤 의견, 주장, 논설 따위에 반대하여 말함.

7) 언제나 그는 ☐☐☐와 함께 할 것이라고 믿었다.

· 가족처럼 여기며 키우는 고양이.

8) 그의 터무니 없는 주장에 ☐☐ 할 가치도 없다.

· 어떤 의견, 주장, 논설 따위에 반대하여 말함.

9) 잘하고 싶으면 계속 ☐☐하는 노력이 필요하다.

· 같은 일을 되풀이함.

10) 한참 울던 그녀는 [  ][  ][  ] 을 쓰기 시작했다.

· 자신의 언행에 대하여 잘못이나 부족함을 돌이켜 보며 쓴 글.


11) 이번에 만든 [  ][  ][  ] 이 아주 잘 만들어졌다.

· 반쯤 익도록 삶은 달걀.


12) 더이상 당하고 참을 수 없다. [  ][  ] 을 시작할 때다.

· 되받아 공격함.


13) 어느 덧 세월이 [  ][  ] 이나 흘렀다.

· 한 해의 반.


14) 원망을 듣고 있으니 미안해지기는 커녕 [  ][  ][  ] 이 생겼다.

· 어떤 상태나 행동 따위에 대하여 거스르고 반항하려는 마음.


15) 은폐했던 진실이 [  ][  ] 되고 큰 충격을 받았다.

· 숨기던 것이 드러남.


16) 졸업증명서를 [  ][  ] 받을 수 있는 방법을 알고 싶습니다.

· 증명서 따위를 발행하여 줌.


17) 오랜 연구 끝에 그는 모두가 놀랄 만한 [  ][  ] 에 성공했다.

· 아직까지 없던 기술이나 물건을 새로 생각하여 만들어 냄.


18) 건조한 날씨가 계속되더니 화재가 [  ][  ] 했다.

· 어떤 일이나 사물이 생겨남.

## 관용구

**ㅃ**

| | |
|---|---|
| 뿌리가 빠지다 | 근원까지 없어져 아무것도 남는 것이 없게 되다. |
| 뿌리가 깊다 | 어떤 일이나 사물의 연유하는 바가 오래다. |
| 뿌리를 뽑다 | 어떤 것이 생겨나고 자랄 수 있는 근원을 없애 버리다. |
| 뼈가 빠지게 | 오랫동안 육체적 고통을 견디어 내면서 힘겨운 일을 치러 나가는 것을 비유적으로 이르는 말. |
| 뿌리 뽑히다 | 어떤 것이 생겨나고 자랄 수 있는 근원이 없어지다. |
| 뼈를 깎다 | 몹시 견디기 어려울 정도로 고통스럽다. |
| 뼈를 긁어내다 | 마음속의 고통 따위가 몹시 심하다. 예) 어찌나 힘든지 뼈를 긁어내는 심정이다. |
| 뼈대가 굵어지다 | 자라서 성년이 되다. |
| 빨간 거짓말 | 뻔히 드러날 만큼 터무니없는 거짓말. 예) 그런 빨간 거짓말에 속았다고? |
| 뼈다귀를 녹이다 | 마음을 황홀하게 만들다. |

연유하다 : 어떤 일이 거기에서 비롯되다.

터무니없다 : 허황하여 전혀 근거가 없다.

## 고유어

**ㅃ**

| | |
|---|---|
| 빠기다 | 얄미울 정도로 우쭐거리며 자랑하다. |
| 빠꿈이 | 영리한 사람을 이르는 말. |
| 빠대다 | 아무 할 일 없이 이리저리 쏘다니다. |
| 빠듯이 | 어떤 한도에 차거나 꼭 맞아서 빈틈이 없게. '바듯이'보다 센 느낌을 준다. |
| 빠뜨리다 | 물이나 허방이나 또는 어떤 깊숙한 곳에 빠지게 하다. |
| 빠르다 | 어떤 동작을 하는 데 걸리는 시간이 짧다. |
| 빠져들다 | 잠이나 꿈 따위에 깊이 들어가다. |
| 빠짐없다 | 하나도 빠뜨리지 아니하고 모두 다 있다. |
| 빨강 | 빨간 빛깔이나 물감. |
| 빨다 | 옷 따위의 물건을 물에 넣고 주물러서 때를 없애다. |
| 빨래꾼 | 빨래하는 사람. |
| 빨리빨리 | 걸리는 시간이 아주 짧게. |

쏘다니다 : 아무 데나 마구 분주하게 돌아다니다.

| 뼈끝 | 뼈마디의 끝. |
|---|---|
| 뼈다귓국 | 짐승의 뼈를 푹 삶아 곤 국. |
| 뼈대 | 우리 몸의 틀을 유지하는 뼈를 통틀어 이르는 말. |
| 뼈들다 | 힘만 들고 끝이 나지 아니하여 오래 걸리다. |
| 뼈물다 | 옷 치장을 하다. |
| 뼈아프다 | 어떤 감정이 골수에 사무치도록 정도가 깊다. |
| 뼈지다 | 겉으로는 무른 것 같으나 속은 옹골차고 단단하다. |
| 삐국이 | 사람이나 물건이 어떤 공간에 빈틈없이 아주 꽉 찬 모양. |
| 삐대다 | 한군데 오래 눌어붙어서 끈덕지게 굴다. |
| 삐악 | 병아리가 한 번 약하게 우는 소리. |
| 삐져나오다 | 속에 있는 것이 겉으로 불거져 나오다. |

## 속담

**ㅃ**

| 빠른 바람에 굳센 풀을 안다 | 드센 바람 속에 꿋꿋이 서 있는 굳센 풀을 알아낼 수 있다는 뜻으로, 마음의 굳은 의지와 절개는 시련을 겪고 나서 더 뚜렷하게 나타난다는 말. |
|---|---|
| 빠진 괴머리 | 아무짝에도 쓸모없는 사람을 비유적으로 이르는 말. |
| 빠진 도낏자루 | 언행이 횡포하고 무도하여 껄렁껄렁한 사람을 비유적으로 이르는 말. |
| 빨간 상놈 푸른 양반 | 모든 것을 드러내 놓고 마구 사는 상놈과 서슬이 푸르게 점잔을 빼고 있는 양반을 대조하여 이르는 말. |
| 빨다린 체 말고 진솔로 있거라 | 옷을 빨아 다렸더라도 마구 드러내지 말고 진솔로 그대로 가지고 있으라는 뜻으로, 언제나 본래 모습을 잃지 말고 순수함을 지키라는 것을 비유적으로 이르는 말. |
| 빨래 이웃은 안 한다 | 빨래할 때 가까이 있으면 구정물이나 튀지 좋은 일은 없다는 말. |
| 빨리 먹은 콩밥 똥 눌 때 보자 한다 | 꼭꼭 씹지 아니하고 급하게 삼켜 버린 콩은 삭지 아니한 채 그대로 나온다는 뜻으로, 무슨 일이든 급히 서두르면 탈이 생김을 비유적으로 이르는 말. |
| 빨리 알기는 칠월 귀뚜라미라 | 음력 칠월만 되면 울기 시작하는 가을 귀뚜라미처럼 영리하고 눈치 빠름을 비유적으로 이르는 말. |

**치장**: 잘 매만져 곱게 꾸밈.

**옹골차다**: 매우 옹골지다.

**절개**: 신념, 신의 따위를 굽히지 아니하고 굳게 지키는 꿋꿋한 태도

**구정물**: 무엇을 씻거나 빨거나 하여 더러워진 물.

## 문제로 실력 쌓기

**관용구** ......................................................................................................

빈 칸에 알맞은 낱말을 쓰시오.

1) ☐ 를 깎다.

　·몹시 견디기 어려울 정도로 고통스럽다.

2) ☐ 를 긁어내다.

　·마음속의 고통 따위가 몹시 심하다.

3) ☐☐ 를 뽑다.

　·어떤 것이 생겨나고 자랄 수 있는 근원을 없애 버리다.

4) ☐☐ 가 빠지다.

　·근원까지 없어져 아무것도 남는 것이 없게 되다.

**고유어** ......................................................................................................

밑줄 친 낱말의 알맞은 뜻을 찾아 번호를 쓰시오.

1) 저기 <u>빨강</u>, 노랑, 파랑 표시가 되어 있다. (　　　)

2) 그냥 정처없이 <u>빠대고</u> 있어서 속이 상했다. (　　　)

3) 시간 없다. <u>빨리빨리</u> 움직여라. (　　　)

4) 얼룩이 묻어 급하게 <u>빨고</u> 있었다. (　　　)

5) 몰래 뒤에서 밀어서 실수인 척 물에 <u>빠뜨렸다.</u> (　　　)

6) 순진한 척하고 있지만 사실 노련한 <u>빠꿈이</u>다. (　　　)

7) 시야가 흐려지고 눈이 감기더니 깊은 잠에 <u>빠져들었다.</u> (　　　)

> ① 물이나 허방이나 또는 어떤 깊숙한 곳에 빠지게 하다.
> ② 영리한 사람을 이르는 말.
> ③ 아무 할 일 없이 이리저리 쏘다니다.
> ④ 걸리는 시간이 아주 짧게.
> ⑤ 옷 따위의 물건을 물에 넣고 주물러서 때를 없애다.
> ⑥ 잠이나 꿈 따위에 깊이 들어가다.
> ⑦ 빨간 빛깔이나 물감.

## 속담

속담의 뜻을 찾아 연결하시오.

1) 빨간 상놈 푸른 양반 ●

2) 빨리 알기는 칠월 귀뚜라미라 ●

3) 빠른 바람에 굳센 풀을 안다 ●

4) 빠진 괴머리 ●

5) 빠진 도낏자루 ●

6) 빨래 이웃은 안 한다 ●

● ㉠ 음력 칠월만 되면 울기 시작하는 가을 귀뚜라미처럼 영리하고 눈치 빠름을 비유적으로 이르는 말.

● ㉡ 아무짝에도 쓸모없는 사람을 비유적으로 이르는 말.

● ㉢ 빨래할 때 가까이 있으면 구정물이나 튀지 좋은 일은 없다는 말.

● ㉣ 모든 것을 드러내 놓고 마구 사는 상놈과 서슬이 푸르게 점잔을 빼고 있는 양반을 대조하여 이르는 말.

● ㉤ 언행이 횡포하고 무도하여 껄렁껄렁한 사람을 비유적으로 이르는 말.

● ㉥ 드센 바람 속에 꿋꿋이 서 있는 굳센 풀을 알아낼 수 있다는 뜻으로, 마음의 굳은 의지와 절개는 시련을 겪고 나서 더 뚜렷하게 나타난다는 말.

## 고유어

1) 다시 떠올리기 싫은 [ ][ ][ ] 기억이다.

· 어떤 감정이 골수에 사무치도록 정도가 깊다.

2) 우리 몸의 [ ][ ] 를 이룬다.

· 우리 몸의 틀을 유지하는 뼈를 통틀어 이르는 말.

3) 손을 집어넣으니 쑥 [ ][ ] 나왔다.

· 속에 있는 것이 겉으로 불거져 나오다.

4) 그 병아리는 크게 [ ][ ] 하더니 곧 잠이 들었다.

· 병아리가 한 번 약하게 우는 소리.

## 관용구

### ㅅ

| | |
|---|---|
| 사개가 맞다 | 말이나 사리의 앞뒤 관계가 빈틈없이 딱 들어맞다. |
| 사돈의 팔촌 | 남이나 다름없는 먼 친척. |
| 사람 같지 않다 | 사람으로서 마땅히 지녀야 할 품행이나 덕성이 없다. |
| 사람 살려 | 생명에 위험을 느낄 만큼 위급한 상황에 처하였을 때 외치는 소리. |
| 사서 고생을 하다 | 고생하지 아니하여도 될 일을 제 스스로 만들어 고생하다. |
| 사시나무 떨듯 | 몸을 몹시 떠는 모양을 비유적으로 이르는 말. |
| 사이가 뜨다 | 사람 사이의 관계가 친밀하지 않거나 벌어지다. |
| 사족을 못 쓰다 | 무슨 일에 반하거나 혹하여 꼼짝 못 하다. |
| 사지를 펴다 | 근심이나 걱정 없이 마음을 놓다. 예) 사지펴고 마음 편히 산다. |
| 사흘이 멀다 하고 | 일의 횟수가 매우 잦게. 예) 사흘이 멀다하고 찾아왔다. |

친척 : 친족과 외척을 아울러 이르는 말.

덕성 : 어질고 너그러운 성질.

위급하다 : 몹시 위태롭고 급하다.

## 고유어

### ㅅ

| | |
|---|---|
| 사고팔다 | 물건 따위를 사기도 하고 팔기도 하다. |
| 사그라들다 | 삭아서 없어져 가다. |
| 사나워지다 | 성질이나 행동이 모질고 억세게 되다. |
| 사날없다 | 붙임성이 없이 무뚝뚝하다. |
| 사냥감 | 사냥하여 잡으려고 하는 대상. 예) 사냥감을 놓치지 않고 쫓아갔다. |
| 사느랗다 | 물체의 온도나 기온이 약간 찬 듯하다. |
| 사뜻하다 | 깨끗하고 말쑥하다. |
| 사람됨 | 사람의 됨됨이나 인품. 예) 잘생긴 외모와 더불어 사람됨도 훌륭했다. |
| 사랑스럽다 | 생김새나 행동이 사랑을 느낄 만큼 귀여운 데가 있다. |
| 사랑하다 | 어떤 사람이나 존재를 몹시 아끼고 귀중히 여기다. |
| 사로잡다 | 사람이나 짐승 따위를 산 채로 잡다. |
| 사뢰다 | 웃어른에게 말씀을 올리다. |

됨됨이 : 사람으로서 지니고 있는 품성이나 인격

말쑥하다 : 지저분함이 없이 말끔하고 깨끗하다

웃어른 : 나이나 지위, 신분, 항렬 따위가 자기보다 높아 직접 또는 간접으로 모시는 어른.

## 속담

| | |
|---|---|
| 사기 접시를 죽으로 엎칠 것 같다 | 죽이나 되는 많은 사기 접시를 단번에 엎어서 깰 것같이 야단이라는 뜻으로, 당장 어떤 큰일을 치를 듯이 들볶음을 비유적으로 이르는 말. |
| 사돈 남 나무란다 | 자기도 같은 잘못을 했으면서 제 잘못은 제쳐 두고 남의 잘못만 나무란다는 말. |
| 사돈네 논 산대 | 사돈네가 논을 사거나 말거나 신경 쓰며 관계할 것이 못 된다는 데서, 아무런 관계도 없는 일에 나서서 참견함을 핀잔하는 말. |
| 사돈도 이럴 사돈 저럴 사돈 있다 | 같은 경우라도 사람에 따라 달리 대하여야 함을 비유적으로 이르는 말. |
| 사람과 그릇은 있으면 쓰고 없으면 못 쓴다 | 사람과 그릇은 없으면 못 쓰지만 있기만 하면 있는 만큼 다 쓸모가 있음을 이르는 말. |
| 사람 살 곳은 골골이 있다 | 아무리 어려운 환경에서도 도와주는 사람은 다 있다는 것을 비유적으로 이르는 말. |

들볶다:까다롭게 굴거나 잔소리를 하거나 하여 남을 못살게 굴다.

## 한자성어

ㅅ

| | |
|---|---|
| 사군지도 | 임금을 섬기는 도리. |
| 사대육신 | 두 팔, 두 다리, 머리, 몸뚱이라는 뜻으로, 온몸을 이르는 말. |
| 사래선거 | 일이 얽히고설켜 몹시 번거로움을 비유적으로 이르는 말. |
| 사무여한 | 죽을지라도 남은 한이 없음. |
| 소마세월 | 별로 하는 일 없이 헛되이 세월을 보냄. 또는 그 세월. |
| 소불동념 | 조금도 마음을 움직이지 아니함. |
| 소소곡절 | 자질구레한 여러 가지 복잡한 사정. |
| 소심근신 | 마음을 조심하여 말과 행동을 삼감. |
| 사귀일성 | 넷이 모여 하나를 이룸. 목화 네 근이 솜 한 근이 되고 수삼 네 근이 건삼 한 근이 되는 것 따위를 이른다. |
| 사공중곡 | 무턱대고 쏜 화살이 과녁에 맞았다는 뜻으로, 멋모르고 한 일이 우연히 들어맞아 성공하였음을 비유적으로 이르는 말. |

한: 몹시 원망스럽고 억울하거나 안타깝고 슬퍼 응어리진 마음.

## ㅅ

| | |
|---|---|
| 사계절 | 봄 · 여름 · 가을 · 겨울의 네 철. 예) 사계절 한결같은 모습. |
| 사고사 | 갑작스러운 사고로 목숨을 잃음. 또는 그런 죽음. |
| 사과문 | 잘못한 데 대하여 사과하는 내용을 쓴 글. |
| 사교성 | 남과 사귀기를 좋아하거나 쉽게 사귀는 성질. |
| 사교육 | 공교육을 보충하기 위하여 제도권 밖에서 하는 교육. |
| 사기 | 나쁜 꾀로 남을 속임. 예) 그건 그저 사기일 뿐이다. |
| 사랑방 | 사랑으로 쓰는 방. 예) 이곳이 사랑방입니다. |
| 사력 | 있는 힘을 다함. 또는 낼 수 있는 모든 힘. |
| 사례 | 어떤 일이 전에 실제로 일어난 예. |
| 사료 | 깊이 생각하여 헤아림. |
| 사막화 | 사막처럼 변함. 또는 그렇게 되게 함. |
| 사망 | 사람이 죽음. 예) 어제 사망 소식을 들었다. |
| 사무실 | 사무를 보는 방. 예) 드디어 사무실을 마련했다. |
| 사무원 | 일반 사무를 맡아보는 직원. 예) 사무원으로 일하고 있다. |
| 사무장 | 사무를 맡아 지휘하는 사람. 또는 그런 직위. |
| 사범 | 남의 스승이 될 만한 모범이나 본보기. |
| 사변 | 생각으로 사물의 옳고 그름을 가려냄. |
| 사별 | 죽어서 이별함. 예) 아직 가시지 않은 사별의 아픔. |
| 사부 | 자기를 가르쳐서 인도하는 사람. |
| 사비 | 개인이 부담하고 지출하는 비용. 예) 제 사비를 들여 마련했어요. |
| 사사 | 스승으로 섬김. 또는 스승으로 삼고 가르침을 받음. |
| 사상 | 지각 또는 사고에 의하여 과거의 대상이 의식에 다시 나타나는 상태. |
| 사색 | 어떤 것에 대하여 깊이 생각하고 이치를 따짐. |
| 사색적 | 사색을 많이 하거나 좋아하는 것. |
| 사시절 | 봄 · 여름 · 가을 · 겨울의 네 철. |
| 사시춘 | 어느 때나 늘 봄과 같음. |
| 사신기 | 청룡, 백호, 주작, 현무의 네 신을 그린 의장기. |

제도권 : 기존의 규범이나 사회제도를 벗어나지 아니하는 영역 또는 범위.

본보기 : 옳거나 훌륭하여 배우고 따를 만한 대상.

| | |
|---|---|
| 상객 | 늘 찾아오는 손님. |
| 상거래 | 상업상의 거래. |
| 상견례 | 공식적으로 서로 만나 보는 예. 예) 상견례 날짜가 정해졌다. |
| 상공 | 높은 하늘. |
| 상공업 | 상업과 공업을 아울러 이르는 말. |
| 상관 | 직책상 자기보다 더 높은 자리에 있는 사람. |
| 상광 | 상서로운 빛. |
| 상극상 | 서로 맞지 아니하여 충돌하는 모양. |
| 상근자 | 날마다 일정한 시간에 출근하여 정해진 시간 동안 근무하는 사람. |
| 상념 | 마음속에 품고 있는 여러 가지 생각. 예) 지난날의 상념에 젖어드는 새벽. |
| 상담 | 문제를 해결하거나 궁금증을 풀기 위하여 서로 의논하거나 묻고 답함. |
| 상대방 | 어떤 일이나 말을 할 때 짝을 이루는 사람. |
| 상대접 | 상대를 귀하게 대하는 대접. |
| 상동 | 서로 같음. |
| 소가족 | 식구 수가 적은 가족. 예) 대부분 소가족을 이루고 살았다. |
| 소감문 | 마음에 느낀 바나 생각을 그대로 쓴 글. |
| 소개서 | 사람이나 사물을 소개하는 내용의 편지나 문서. |
| 소견 | 어떤 일이나 사물을 살펴보고 가지게 되는 생각이나 의견. |
| 소규모 | 범위나 크기가 작음. 예) 소규모 산업단지를 방문했다. |
| 소난 | 사소한 어려움. |
| 소림 | 쓸쓸하고 적막한 숲. |
| 소만 | 모든 일을 제쳐 놓음. |
| 소매상 | 소매하는 장사. 또는 그런 장수. |
| 소멸 | 사라져 없어짐. 예) 태풍은 오후쯤 소멸했다. |
| 소명 | 까닭이나 이유를 밝혀 설명함. |
| 소반 | 자그마한 밥상. |
| 소분 | 작게 나눔. 또는 그런 부분. |
| 소비 | 돈이나 물자, 시간, 노력 따위를 들이거나 써서 없앰. |

공식적 : 국가적으로 규정되었거나 사회적으로 인정된 것.

상서롭다 : 복되고 길한 일이 일어날 조짐이 있다.

적막하다 : 고요하고 쓸쓸하다.

물자 : 어떤 활동에 필요한 여러 가지 물건이나 재료.

**관용구** ........................................................................................................

빈 칸에 알맞은 낱말을 쓰시오.

1) ☐☐ 고생을 하다.

· 고생하지 아니하여도 될 일을 제 스스로 만들어 고생하다.

2) ☐☐ 을 못 쓰다.

· 무슨 일에 반하거나 혹하여 꼼짝 못 하다.

3) ☐☐ 의 팔촌.

· 남이나 다름없는 먼 친척.

4) ☐☐ 같지 않다.

· 사람으로서 마땅히 지녀야 할 품행이나 덕성이 없다.

**고유어** ........................................................................................................

밑줄 친 낱말의 알맞은 뜻을 찾아 번호를 쓰시오.

1) 좀 심해지더니, 어느새 사그라들어 잘 보이지도 않았다. (      )

2) 밥도 잘 안 먹더니 말투가 사나워졌다. (      )

3) 무엇보다도 중요한 것은 사람됨이다. (      )

4) 물건을 사고파는 마켓을 계획중이다. (      )

5) 이미 사냥감이 되어 다른 방도가 없었다. (      )

6) 빨리 뒤쫓아가서 반드시 사로잡아라!(      )

7) 애교도 있고 사랑스러워 정이 간다. (      )

① 삭아서 없어져 가다.
② 성질이나 행동이 모질고 억세게 되다.
③ 사람의 됨됨이나 인품.
④ 사람이나 짐승 따위를 산 채로 잡다.
⑤ 생김새나 행동이 사랑을 느낄 만큼 귀여운 데가 있다.
⑥ 사냥하여 잡으려고 하는 대상.
⑦ 물건 따위를 사기도 하고 팔기도 하다.

**속담**

속담의 뜻을 찾아 연결하시오.

1) 사돈도 이럴 사돈 저럴
   사돈 있다 ●

2) 사돈 남 나무란다 ●

3) 사돈네 논 산대 ●

4) 사기 접시를 죽으로 엎
   칠 것 같다 ●

5) 사람 살 곳은 골골
   이 있다 ●

6) 사람과 그릇은 있으면
   쓰고 없으면 못 쓴다 ●

● ㉠ 사돈네가 논을 사거나 말거나 신경 쓰며 관계할 것이
   못 된다는 데서, 아무런 관계도 없는 일에 나서서 참견
   함을 핀잔하는 말.

● ㉡ 자기도 같은 잘못을 했으면서 제 잘못은 제쳐 두고 남
   의 잘못만 나무란다는 말.

● ㉢ 같은 경우라도 사람에 따라 달리 대하여야 함을 비유
   적으로 이르는 말.

● ㉣ 사람과 그릇은 없으면 못 쓰지만 있기만 하면 있는 만
   큼 다 쓸모가 있음을 이르는 말.

● ㉤ 아무리 어려운 환경에서도 도와주는 사람은 다 있다
   는 것을 비유적으로 이르는 말

● ㉥ 죽이나 되는 많은 사기 접시를 단번에 엎어서 깰 것같
   이 야단이라는 뜻으로, 당장 어떤 큰일을 치를 듯이 들
   볶음을 비유적으로 이르는 말.

**한자성어**

보기를 보고 빈칸에 알맞은 말을 쓰시오.

1) 조금도 마음을 움직이지 아니함. ☐

2) 자질구레한 여러 가지 복잡한 사정. ☐

3) 임금을 섬기는 도리. ☐

4) 두 팔, 두 다리, 머리, 몸뚱이라는 뜻으로, 온몸을 이르는 말. ☐

5) 마음을 조심하여 말과 행동을 삼감. ☐

6) 죽을지라도 남은 한이 없음. ☐

7) 별로 하는 일 없이 헛되이 세월을 보냄. 또는 그 세월. ☐

8) 일이 얽히고설켜 몹시 번거로움을 비유적으로 이르는 말. ☐

> 보기    소심근신    사무여한    소마세월    소불동념
>         소소곡절    사군지도    사대육신    사래선거

**어휘 탐구**

빈 칸에 알맞은 말을 쓰시오.

1) 그는 [　　] 를 들어 자신의 의견을 주장했다.

· 어떤 일이 전에 실제로 일어난 예.

2) 남편과 [　　] 하고 미망인이 된 어머니.

· 죽어서 이별함.

3) 제가 [　　] 를 들여서라도 꼭 진행하고 싶습니다.

· 개인이 부담하고 지출하는 비용.

4) 저희 후배들의 [　　] 으로 일하시게 된 것을 감사하게 여기고 있습니다.

· 남의 스승이 될 만한 모범이나 본보기.

5) 혼자 걸으며 어제 읽었던 책의 내용을 곱씹으며 [　　] 에 잠겼다.

· 어떤 것에 대하여 깊이 생각하고 이치를 따짐.

6) 오늘은 너희들에게 [　　] 로서 온 것이다.

· 자기를 가르쳐서 인도하는 사람.

7) 아무도 예상하지 못한 [　　　] 였다.

· 갑작스러운 사고로 목숨을 잃음. 또는 그런 죽음.

8) 많은 질타가 이어지자 뒤늦게 [　　　] 을 올렸다.

· 잘못한 데 대하여 사과하는 내용을 쓴 글.

9) 그 집에는 1층에 [　　　] 이 있었다.

· 사랑으로 쓰는 방.

10) 저축보다는 [ ] 가 더 큰 비중을 차지했다.

· 돈이나 물자, 시간, 노력 따위를 들이거나 써서 없앰.


11) 프로포즈를 받은 언니는 [ ] 를 준비하고 있었다.

· 공식적으로 서로 만나 보는 예.


12) 이런저런 [ ] 으로 인해 밤늦게 잠들지 못했다.

· 마음속에 품고 있는 여러 가지 생각.


13) 서로 불화하였고 화해의 기미가 보이지 않아 [ ] 을 받아보기로 했다.

· 문제를 해결하거나 궁금증을 풀기 위하여 서로 의논하거나 묻고 답함.


14) 너의 의견보다도 [ ] 이 어떻게 생각하는지도 중요하다.

· 어떤 일이나 말을 할 때 짝을 이루는 사람.


15) 벅찬 기분이 들어 [ ] 을 어떻게 써야할지 모르겠다.

· 마음에 느낀 바나 생각을 그대로 쓴 글.


16) 그 빛나던 시절은 가고 어느 덧 모든 것이 [ ] 했다.

· 사라져 없어짐.


17) 많은 사람들을 초대하지 않고 행사는 [ ] 로 진행되었다.

· 범위나 크기가 작음.


18) 결론을 내리지 못해 결국 전문가의 [ ] 을 들어보기로 했다.

· 어떤 일이나 사물을 살펴보고 가지게 되는 생각이나 의견.

## 관용구

### ㅆ

| | |
|---|---|
| 싹수가 노랗다 | 잘될 가능성이나 희망이 애초부터 보이지 아니하다. |
| 싹을 밟다 | 새로 시작하는 것을 처음부터 막거나 아예 없애다. |
| 쌍륙을 치다 | 쌍륙을 할 때에 주사위를 던지다 |
| 쌍수를 들다 | 기꺼이 지지하거나 반기다. 예) 쌍수를 들고 환영했다. |
| 쌍알을 지르다 | 두 가지 일을 겹치게 하여 맞지 아니하고 서로 어긋나게 하다. |
| 씨가 먹다 | 말이나 행동이 조리에 맞고 실속이 있다. |
| 씨가 마르다 | 어떤 종류의 것이 모조리 없어지다. |
| 씨도 남기지 않다 | 아무것도 남기지 아니하다. |
| 씨를 붙이다 | 땅에 씨를 심어 싹을 틔우다. |

## 고유어

### ㅆ

| | |
|---|---|
| 싸개 | 물건 따위를 싸는 종이나 헝겊. |
| 싸구려 | 값이 싸거나 질이 낮은 물건. 예) 싸다고 싸구려 물건을 사지 마라. |
| 싸다니다 | 여기저기를 채신없이 분주히 돌아다니다. |
| 싸움꾼 | 싸움을 잘하는 사람. 예) 동네에서 유명한 싸움꾼이다. |
| 싹수없이 | 장래성이 없이. |
| 싹쓸이 | 모두 다 쓸어버리는 일. 예) 누군가 양파를 싹쓸이했다. |
| 싹트다 | 어떤 생각이나 감정, 현상 따위가 처음 생겨나다. |
| 쏘다 | 활이나 총, 대포 따위를 일정한 목표를 향하여 발사하다. |
| 쏘다니다 | 아무 데나 마구 분주하게 돌아다니다. |
| 쏘삭질 | 함부로 들추거나 쑤시는 짓. |
| 쏘아보다 | 날카롭게 노려보다. 예) 그렇게 쏘아보지 마라. |
| 쏘아붙이다 | 날카로운 말투로 상대를 몰아붙이듯이 공격하다. |

쌍륙: 놀이의 하나. 여러 사람이 편을 갈라 차례로 두 개의 주사위를 던져서 나오는 사위대로 말을 써서 먼저 궁에 들여보내는 놀이이다.

채신없이: 말이나 행동이 경솔하여 위엄이나 신망이 없이.

장래성: 앞으로 성공하거나 크게 잘 될 수 있는 가능성

| | |
|---|---|
| 쓰다듬다 | 손으로 살살 쓸어 어루만지다. 예) 인자한 표정으로 머리를 쓰다듬었다. |
| 쓰디쓰다 | 몹시 쓰다. 예) 쓰디쓴 약을 꿀꺽 삼켰다. |
| 쓰라림 | 쓰리고 아린 느낌이나 마음. |
| 쓰레질 | 비로 쓸어서 집 안을 깨끗이 하는 일. |
| 쓰리다 | 쑤시는 것같이 아프다. 예) 상처가 아직 욱씬거리고 쓰리다. |
| 쓰임 | 돈이나 물건 따위가 실제로 사용되는 곳. 또는 그 용도. |
| 쓴소리 | 듣기에는 거슬리나 도움이 되는 말. 예) 귀담아들어야 할 쓴소리. |
| 쓴웃음 | 어이가 없거나 마지못하여 짓는 웃음. 예) 애써 쓴웃음을 지었다. |
| 쓴입 | 고열 따위로 음식물을 입에 넣으면 맛이 쓰기만 한 입. |
| 쓴침 | 마음에 없는 일을 당하여 달갑지 아니한 태도를 취할 때 삼키는 침. |
| 씨감자 | 씨앗으로 쓸 감자. 예) 저기 바구니에 씨감자가 있소. |

## 속담

| | |
|---|---|
| 싸고 싼 사향도 냄새 난다 | 어떤 일을 아무리 노력하여 숨기려 하여도 결국에는 드러나고야 만다는 것을 비유적으로 이르는 말. |
| 싸리밭에 개 팔자 | 하는 일 없이 놀고먹는 편한 팔자를 비유적으로 이르는 말. |
| 싸움은 말리고 흥정은 붙이랬다 | 나쁜 일은 말리고 좋은 일은 권해야 함을 비유적으로 이르는 말. |
| 싸전에 가서 밥 달라고 한다 | 모든 일에는 질서와 차례가 있는 법인데 일의 순서도 모르고 성급하게 덤빔을 비유적으로 이르는 말. |
| 쌀광에 든 쥐 | 부족함이 없이 넉넉한 상태에 놓임을 비유적으로 이르는 말. |
| 쌀은 쏟고 주워도 말은 하고 못 줍는다 | 화살은 쏘아도 찾을 수 있으나 말은 다시 수습할 수 없다는 뜻으로, 말을 삼가야 한다는 말. |
| 쌀 한 알 보고 뜨물 한 동이 마신다 | 적은 이익을 위하여 노력이나 경비가 지나치게 많이 들어감을 비유적으로 이르는 말. |
| 쏘아 놓은 살이요 엎지른 물이다 | 한번 저지른 일을 다시 고치거나 중지할 수 없음을 비유적으로 이르는 말. |

용도 : 쓰이는 길. 또는 쓰이는 곳.

고열 : 높은 열

팔자 : 사람의 한평생의 운수. 사주팔자에서 유래한 말로, 사람이 태어난 해와 달과 날과 시간을 간지(干支)로 나타내면 여덟 글자가 되는데, 이 속에 일생의 운명이 정해져 있다고 본다.

수습하다 : 흩어진 재산이나 물건을 거두어 정돈하다.

## 문제로 실력 쌓기

**관용구**

빈 칸에 알맞은 낱말을 쓰시오.

1) ☐ 가 마르다.

· 어떤 종류의 것이 모조리 없어지다.

2) ☐☐ 를 들다.

· 기꺼이 지지하거나 반기다.

3) ☐ 를 붙이다.

땅에 씨를 심어 싹을 틔우다.

4) ☐ 을 밟다.

· 새로 시작하는 것을 처음부터 막거나 아예 없애다.

**고유어**

밑줄 친 낱말의 알맞은 뜻을 찾아 번호를 쓰시오.

1) 이미 타고난 <u>싸움꾼</u>으로 유명한 터였다. (      )

2) 오래전부터 사고를 치고 다녀서 <u>싹수없는</u> 사람이라고 여겨졌다. (      )

3) 식사를 마치고 혼자 <u>쏘다니며</u> 시간을 보냈다. (      )

4) 표정이 일그러진 채로 매섭게 <u>쏘아보았다.</u> (      )

5) 그 공연을 보고 나서 점점 좋아하는 마음이 <u>싹트기</u> 시작했다. (      )

6) 남들은 <u>싸구려</u>라고 여길지 몰라도 나는 아니었다. (      )

7) 기분이 상한 그는 굳은 얼굴로 차갑게 <u>쏘아붙였다.</u> (      )

> ① 싸움을 잘하는 사람.
> ② 날카롭게 노려보다.
> ③ 어떤 생각이나 감정, 현상 따위가 처음 생겨나다.
> ④ 값이 싸거나 질이 낮은 물건.
> ⑤ 장래성이 없이.
> ⑥ 아무 데나 마구 분주하게 돌아다니다.
> ⑦ 날카로운 말투로 상대를 몰아붙이듯이 공격하다.

## 속담

속담의 뜻을 찾아 연결하시오.

1) 쌀은 쏟고 주워도 말은 하고 못 줍는다.　●

2) 싸리밭에 개 팔자.　●

3) 싸움은 말리고 흥정은 붙이랬다.　●

4) 싸고 싼 사향도 냄새 난다.　●

5) 싸전에 가서 밥 달라고 한다.　●

6) 쌀광에 든 쥐.　●

●　㉠ 하는 일 없이 놀고먹는 편한 팔자를 비유적으로 이르는 말.

●　㉡ 어떤 일을 아무리 노력하여 숨기려 하여도 결국에는 드러나고야 만다는 것을 비유적으로 이르는 말.

●　㉢ 모든 일에는 질서와 차례가 있는 법인데 일의 순서도 모르고 성급하게 덤빔을 비유적으로 이르는 말.

●　㉣ 부족함이 없이 넉넉한 상태에 놓임을 비유적으로 이르는 말.

●　㉤ 화살은 쏘아도 찾을 수 있으나 말은 다시 수습할 수 없다는 뜻으로, 말을 삼가야 한다는 말.

●　㉥ 나쁜 일은 말리고 좋은 일은 권해야 함을 비유적으로 이르는 말.

## 어휘

1) 상처가 벌어져서 몹시 〔　　　　〕.

· 쑤시는 것같이 아프다.

2) 한동안 깊은 〔　　　　〕이 있었지만 참고 견디기로 했다.

· 쓰리고 아린 느낌이나 마음.

3) 농사를 하기 위해 〔　　　　〕를 따로 모아두었다.

· 씨앗으로 쓸 감자.

4) 듣기 좋은 아첨보다는 〔　　　　〕에 귀기울이려고 노력한다.

· 듣기에는 거슬리나 도움이 되는 말.

## 관용구

**ㅇ**

| | |
|---|---|
| 아니나 다를까 | 과연 예측한 바와 같다는 말. 예)아니나다를까 그 말이 딱 들어맞았다. |
| 아름이 크다 | 너그럽게 받아들이는 도량이 크다. |
| 우습지도 않다 | 너무 어이가 없는 일이어서 기가 막히다. |
| 아이 보채듯 | 몹시 졸라 대는 모양을 비유적으로 이르는 말. |
| 안개에 싸이다 | 어떤 사실이나 비밀이 밝혀지지 않다. |
| 안면을 바꾸다 | 잘 알고 지내던 사람을 일부러 모른 체하다. |
| 안으로 들어가다 | 실속 있게 내용을 파고들다. |
| 안팎으로 꼭 맞다 | 여러 가지 점으로 완전히 맞거나 서로 어울리다. |
| 알 게 뭐야 | 어떻게 되든 상관이 없다는 뜻으로 이르는 말. |
| 알다가도 모르다 | 어떤 일이 선뜻 이해가 가지 않는다는 말. 예) 진짜 알다가도 모르겠다. |
| 어깨가 무겁다 | 무거운 책임을 져서 마음에 부담이 크다. |

## 고유어

**ㅇ**

| | |
|---|---|
| 아득바득 | 몹시 고집을 부리거나 애를 쓰는 모양. |
| 아득하다 | 보이는 것이나 들리는 것이 희미하고 매우 멀다. |
| 아랑곳없이 | 어떤 일에 참견을 하거나 관심을 둘 필요가 없이. |
| 안감 | 옷 안에 받치는 감. 예) 이 옷에는 안감이 없다. |
| 안개 | 지표면 가까이에 아주 작은 물방울이 부옇게 떠 있는 현상. |
| 안고지다 | 남을 해치려다가 도리어 해를 입다. |
| 안달복달하다 | 몹시 속을 태우며 조급하게 볶아치다. |
| 안타까움 | 뜻대로 되지 아니하거나 보기에 딱하여 가슴 아프고 답답한 마음. |
| 안팎일 | 안일과 바깥일을 아울러 이르는 말. |
| 오감하다 | 지나칠 정도라고 느낄 만큼 고맙다. |
| 오나가나 | 어디를 가나 늘 다름없이. |
| 오늘껏 | 오늘까지. |

예측:미리 헤아려 짐작함.

참견:자기와 별로 관계없는 일이나 말 따위에 끼어들어 쓸데없이 아는 체하거나 이래라저래라 함.

지표면:지구의 표면. 또는 땅의 겉면.

## 속담

### ㅇ

| | |
|---|---|
| 아는 것이 병 | 정확하지 못하거나 분명하지 않은 지식은 오히려 걱정거리가 될 수 있음을 이르는 말. |
| 아는 길도 물어 가랬다 | 잘 아는 일이라도 세심하게 주의를 하라는 말. |
| 아는 놈 당하지 못한다 | 내막을 잘 알고 덤비는 상대는 이길 수 없음을 이르는 말. |
| 아무리 바빠도 바늘허리 매어 쓰지는 못한다 | 아무리 급하다 하여도 꼭 갖추어야 할 것은 갖추어야 일을 할 수 있음을 비유적으로 이르는 말. |
| 아쉬워 엄나무 방석이라 | 아쉬운 대로 엄나무 방석에 앉았다는 뜻으로, 마음에 들지는 않지만 어쩔 수 없어서 하게 됨을 비유적으로 이르는 말. |
| 알기는 칠월 귀뚜라미 | 온갖 일을 다 아는 체하는 사람을 비꼬는 말. |
| 애호박에 말뚝 박기 | 심술이 매우 고약함을 비유적으로 이르는 말. |

## 한자성어

### ㅇ

| | |
|---|---|
| 안면부지 | 얼굴을 모름. 또는 얼굴도 모르는 사람. |
| 앙사부모 | 어버이를 우러러 섬김. |
| 앙천통곡 | 하늘을 쳐다보며 몹시 욺. |
| 애매모호 | 말이나 태도 따위가 희미하고 흐려 분명하지 아니함. |
| 애자지정 | 자식을 사랑하는 정. |
| 약존약망 | 있는 듯도 하고 없는 듯도 함. |
| 양양자득 | 뜻을 이루어 뽐내며 꺼드럭거림. 또는 그런 태도. |
| 양자택일 | 둘 중에서 하나를 고름. |
| 양화구복 | 재앙을 물리치고 복(福)을 구함. |
| 오매불망 | 자나 깨나 잊지 못함. |
| 오불관언 | 나는 그 일에 상관하지 아니함. |
| 오역부지 | 나도 역시 알지 못함. |

내막: 겉으로 드러나지 아니한 일의 속내용.

꺼드럭거리다: 거만스럽게 잘난체하며 자꾸 버릇없이 굴다. '거드럭거리다'보다 센 느낌을 준다.

**ㅇ**

| | |
|---|---|
| 아부 | 남의 비위를 맞추어 알랑거림. 예) 그렇게 아부하는 모습을 보니 언짢다. |
| 아사 | 굶어 죽음. |
| 안건 | 토의하거나 조사하여야 할 사실. 예) 이번 안건은 무엇인가요? |
| 안내서 | 어떤 내용을 소개하여 알려 주는 책이나 글. |
| 안녕 | 아무 탈 없이 편안함. |
| 안색 | 얼굴에 나타나는 표정이나 빛깔. 예) 안색이 좋아져서 다행이다. |
| 안식처 | 편히 쉬는 곳. 예) 우리 모두의 안식처. |
| 안와 | 눈알이 박혀 있는 구멍. |
| 안위 | 편안함과 위태함을 아울러 이르는 말. |
| 알선 | 남의 일이 잘되도록 주선하는 일. |
| 암괴 | 바위의 덩어리. |
| 암기력 | 외워 잊지 아니하는 힘. 예) 암기력이 뛰어나 성적이 좋다. |
| 암묵 | 자기 의사를 밖으로 나타내지 아니함. |
| 암반수 | 지하의 큰 바위 아래에 있는 물. |
| 암벽 | 깎아지른 듯 높이 솟은 벽 모양의 바위. |
| 암초 | 물속에 잠겨 보이지 아니하는 바위나 산호. |
| 암투 | 서로 적의를 품고 드러나지 아니하게 다툼. |
| 암호 | 비밀을 유지하기 위하여 당사자끼리만 알 수 있도록 꾸민 약속 기호. |
| 암흑 | 어둡고 캄캄함. 예) 어서 이 암흑에서 벗어나고 싶다. |
| 애걸 | 소원을 들어 달라고 애처롭게 빎. |
| 애석심 | 슬퍼하고 아깝게 여기는 마음. |
| 애수 | 마음을 서글프게 하는 슬픈 시름. |
| 애용 | 좋아하여 애착을 가지고 자주 사용함. |
| 애장품 | 소중히 간직하는 물품. 예) 애장품으로 소중하게 보관하고 있다. |
| 애착 | 몹시 사랑하거나 끌리어서 떨어지지 아니함. 또는 그런 마음. |
| 애칭 | 본래의 이름 외에 친근하고 다정하게 부를 때 쓰는 이름. |
| 애통 | 슬퍼하고 가슴 아파함. 예) 몹시 애통해하며 눈물을 흘렸다. |

알랑거리다 : 남의 비위를 맞추거나 환심을 사려고 다랍게 자꾸 아첨을 떨다.

주선하다 : 일이 잘되도록 여러 가지 방법으로 힘쓰다.

애착 : 몹시 사랑하거나 끌리어서 떨어지지 아니함. 또는 그런 마음.

시름 : 마음에 걸려 풀리지 않고 항상 남아 있는 근심과 걱정.

| | |
|---|---|
| 우결함 | 장점과 결함을 아울러 이르는 말. |
| 우대 | 특별히 잘 대우함. 또는 그런 대우. 예)예약하신 분을 우대합니다. |
| 우등 | 우수한 등급. |
| 우량 | 물건의 품질이나 상태가 좋음. |
| 우량주 | 수익과 배당이 높은 일류 회사의 주식. 예) 우량주를 선별하여 매수했다. |
| 우롱 | 사람을 어리석게 보고 함부로 대하거나 웃음거리로 만듦. |
| 우문 | 어리석은 질문. |
| 우발적 | 어떤 일이 예기치 아니하게 우연히 일어나는 것. |
| 우범 | 범죄를 저지를 우려가 있음. |
| 우선 | 다른 것에 앞서 특별하게 대우함. |
| 우설 | 소의 혀. |
| 우수 | 근심과 걱정을 아울러 이르는 말. |
| 우승 | 경기, 경주 따위에서 이겨 첫째를 차지함. 또는 첫째 등위. |
| 우애심 | 형제간 또는 친구 간에 사랑하고 위하는 마음. |
| 우연 | 아무런 인과 관계가 없이 뜻하지 아니하게 일어난 일. |
| 우울 | 근심스럽거나 답답하여 활기가 없음. |
| 우유색 | 노란빛을 띤 하양. |
| 우책 | 어리석은 술책. |
| 우호국 | 사이가 좋은 나라. |
| 우환 | 집안에 복잡한 일이나 환자가 생겨서 나는 걱정이나 근심. |
| 우회 | 곧바로 가지 않고 멀리 돌아서 감. 예) 그럼 우회해서 접근하는 방법이 있어요. |
| 이국적 | 자기 나라가 아닌 다른 나라에 특징적인 것. |
| 이기주의적 | 자기 자신의 이익만을 꾀하는 것. 예) 그런 이기주의적 발상으로는 어렵다. |
| 이농민 | 농사일을 그만두고 농촌을 떠나는 농민. |
| 이론화 | 법칙을 찾고 체계를 세워 이론이 되게 함. |
| 이모 | 어머니의 여자 형제를 이르거나 부르는 말. 예) 명절에 이모가 왔다. |
| 이물감 | 몸 안에 딴 물질이 들어간 느낌. |
| 이물질 | 정상적이 아닌 다른 물질. 예) 어서 저 이물질을 제거해라. |

대우 : 어떤 사회적 관계나 태도로 대하는 일.

활기 : 활동력이 있거나 활발한 기운.

이론 : 물의 이치나 지식 따위를 해명하기 위하여 논리적으로 정연하게 일반화한 명제의 체계.

71

## 문제로 실력 쌓기

### 관용구

빈 칸에 알맞은 낱말을 쓰시오.

1) 알 게 [  ][  ] .

· 어떻게 되든 상관이 없다는 뜻으로 이르는 말.

2) [  ][  ] 가 무겁다.

· 무거운 책임을 져서 마음에 부담이 크다

3) 우습지도 [  ][  ] .

· 너무 어이가 없는 일이어서 기가 막히다.

4) [  ][  ] 을 바꾸다.

· 잘 알고 지내던 사람을 일부러 모른 체하다.


### 고유어

밑줄 친 낱말의 알맞은 뜻을 찾아 번호를 쓰시오.

1) 그동안의 노력이 물거품이 되는 것 같아 <u>안타까움</u>을 느꼈다. (      )

2) 아무리 세월이 흘러도 <u>오나가나</u> 한결같다. (      )

3) 그는 <u>안팎일</u>이 잘 되고 승승장구하고 있다. (      )

4) 말도 안되는 소리를 하면서 <u>아득바득</u> 우기고 있다. (      )

5) 이제는 거의 다 지워진 <u>아득한</u> 기억. (      )

6) 그렇게 <u>안달복달</u>하지 말고 차분하게 기다려보렴. (      )

7) 그 옷은 <u>안감</u>이 없이 만들어졌다. (      )

① 몹시 고집을 부리거나 애를 쓰는 모양.
② 보이는 것이나 들리는 것이 희미하고 매우 멀다.
③ 뜻대로 되지 아니하거나 보기에 딱하여 가슴 아프고 답답한 마음.
④ 어디를 가나 늘 다름없이.
⑤ 안일과 바깥일을 아울러 이르는 말.
⑥ 몹시 속을 태우며 조급하게 볶아치다.
⑦ 옷 안에 받치는 감.

## 속담

속담의 뜻을 찾아 연결하시오.

1) 알기는 칠월 귀뚜라미 ●

2) 아는 놈 당하지 못한다 ●

3) 아무리 바빠도 바늘허리 매어 쓰지는 못한다 ●

4) 아는 것이 병 ●

5) 아는 길도 물어 가랬다 ●

6) 아쉬워 엄나무 방석이라 ●

● ㉠ 내막을 잘 알고 덤비는 상대는 이길 수 없음을 이르는 말.

● ㉡ 온갖 일을 다 아는 체하는 사람을 비꼬는 말.

● ㉢ 정확하지 못하거나 분명하지 않은 지식은 오히려 걱정거리가 될 수 있음을 이르는 말.

● ㉣ 잘 아는 일이라도 세심하게 주의를 하라는 말.

● ㉤ 아무리 급하다 하여도 꼭 갖추어야 할 것은 갖추어야 일을 할 수 있음을 비유적으로 이르는 말.

● ㉥ 아쉬운 대로 엄나무 방석에 앉았다는 뜻으로, 마음에 들지는 않지만 어쩔 수 없어서 하게 됨을 비유적으로 이르는 말.

## 한자성어

보기를 보고 빈칸에 알맞은 말을 쓰시오.

1) 자나 깨나 잊지 못함.

2) 어버이를 우러러 섬김.

3) 하늘을 쳐다보며 몹시 욺.

4) 둘 중에서 하나를 고름.

5) 얼굴을 모름. 또는 얼굴도 모르는 사람.

6) 말이나 태도 따위가 희미하고 흐려 분명하지 아니함.

7) 있는 듯도 하고 없는 듯도 함.

8) 나도 역시 알지 못함.

| 보기 | 안면부지 | 약존약망 | 앙사부모 | 양자택일 |
|------|---------|---------|---------|---------|
|      | 애매보호 | 오매불망 | 앙천통곡 | 오역부지 |

73

**어휘 탐구** .......................................................................................................................

빈 칸에 알맞은 말을 쓰시오.

1) 서로 편을 갈라 견제하며 본격적인 ☐☐ 가 시작되었다.

· 서로 적의를 품고 드러나지 아니하게 다툼.


2) 태도가 완전히 바뀌어서 간절히 ☐☐ 하며 눈물을 흘렸다.

· 소원을 들어 달라고 애처롭게 빎.


3) 오랫동안 보관해온 ☐☐☐ 이다.

· 소중히 간직하는 물품.


4) 그들은 서로 친해져서 이름 대신 ☐☐ 을 불렀다.

· 본래의 이름 외에 친근하고 다정하게 부를 때 쓰는 이름.


5) 웃으며 ☐☐ 하는 그녀의 모습.

· 남의 비위를 맞추어 알랑거림.


6) 미리 ☐☐☐ 를 보고 메모했다.

· 어떤 내용을 소개하여 알려 주는 책이나 글.


7) 충격을 받은 그는 곧 ☐☐ 이 바뀌었다.

· 얼굴에 나타나는 표정이나 빛깔.


8) 그는 여러 직무의 일을 ☐☐ 하며 선행을 베풀었다.

· 남의 일이 잘되도록 주선하는 일.


9) 노력하니까 ☐☐☐ 이 길러진다.

· 외워 잊지 아니하는 힘.

10) 약간의 ☐☐☐ 이 남아 있었다.

· 몸 안에 딴 물질이 들어간 느낌.


11) 고민끝에 ☐☐ 하는 방향으로 선택했다.

· 곧바로 가지 않고 멀리 돌아서 감.


12) 크고 넓고 ☐☐☐ 을 띠고 있다.

· 노란빛을 띤 하양.


13) ☐☐ 에 젖은 눈빛.

· 근심과 걱정을 아울러 이르는 말.


14) 그냥 모든 것은 ☐☐ 일 뿐이었다.

· 아무런 인과 관계가 없이 뜻하지 아니하게 일어난 일.


15) ☐☐☐ 인 풍경이 있는 카페.

· 자기 나라가 아닌 다른 나라에 특징적인 것.


16) 표정이 침울하여 무슨 ☐☐ 이 있는 것 같았다.

· 집안에 복잡한 일이나 환자가 생겨서 나는 걱정이나 근심.


17) 오래전 돌아가신 ☐☐ 가 떠올랐다.

· 어머니의 여자 형제를 이르거나 부르는 말.


18) 여기 보이는 ☐☐☐ 은 모두 제거해라.

· 정상적이 아닌 다른 물질.

## 관용구

### ㅈ

| | |
|---|---|
| 자나 깨나 | 잠들어 있거나 깨어 있거나 늘. 예) 자나 깨나 걱정이다. |
| 자리를 잡다 | 일정한 지위나 공간을 차지하다. |
| 자리를 걷다 | 병이 낫다. 예) 어서 자리를 걷고 일어나세요. |
| 자취를 감추다 | 남이 모르게 어디로 가거나 숨다. 예) 자취를 감춘지 오래다. |
| 잔밉고 얄밉다 | 아주 얄밉다. |
| 잡담을 제하다 | 쓸데없이 여러 말을 하거나 묻지 않다. |
| 잡을손이 뜨다 | 일을 다잡아 하지도 않고, 한다 해도 매우 굼뜨다. |
| 장단이 맞다 | 가락이 잘 맞다. |
| 장래를 약속하다 | 결혼할 것을 언약하다. |
| 정신을 차리다 | 잃었던 의식을 되찾다. 예) 정신을 차리고 일어났다. |

## 고유어

### ㅈ

| | |
|---|---|
| 자냥스럽다 | 재잘거리는 소리가 듣기에 똑똑한 데가 있다. |
| 자랑삼다 | 남에게 드러내어 뽐낼 만한 거리로 하다. |
| 자리매김 | 사회나 사람들의 인식 따위에 어느 정도의 고정된 위치를 차지함. 또는 그런 일. |
| 자리바꿈 | 서로 자리를 바꿈. |
| 자린고비 | 다라울 정도로 인색한 사람을 낮잡아 이르는 말. |
| 자맥질 | 물속에서 팔다리를 놀리며 떴다 잠겼다 하는 짓. |
| 자못 | 생각보다 매우. |
| 자발없다 | 행동이 가볍고 참을성이 없다. |
| 잔가지 | 풀과 나무의 작은 가지. 또는 자질구레한 가지. |
| 잔걱정 | 자질구레한 걱정. |
| 잔물결 | 자잘하게 이는 물결. 초속 1미터 이상 5미터 이하의 바람이 불 때 주름살 같이 생기는 물결이다. |

얄밉다 : 말이나 행동이 얄빠르고 밉다.

굼뜨다 : 동작, 진행 과정 따위가 답답할 만큼 매우 느리다.

인색하다 : 재물을 아끼는 태도가 몹시 지나치다. 늑섬색하다, 인석하다, 인하다.

## 속담

**ㅈ**

| | |
|---|---|
| 자는 벌집 건드린다 | 그대로 가만히 두었으면 아무 탈이 없을 것을 공연히 건드려 문제를 일으킴을 비유적으로 이르는 말. |
| 자던 아이 깨겠다 | 너무도 뜻밖의 말이라 자던 아이도 놀라 깨겠다는 뜻으로, 쓸데없는 말로 일을 시끄럽게 만들지 말라는 말. |
| 자식도 품 안에 들 때 내 자식이지 | 자식이 어렸을 때는 부모의 뜻을 따르지만 자라서는 제 뜻대로 행동하려 함을 비유적으로 이르는 말. |
| 자식은 낳기보다 키우기가 더 어렵다 | 부모가 자식을 낳는 일보다 자식을 키우고 훌륭한 사람이 되도록 하는 것이 더 힘들고 어렵다는 말. |
| 저 하고 싶어서 하는 일은 힘든 줄 모른다 | 자기가 하고 싶어서 하는 일은 흥이 나서 한다는 말. |
| 적도 모르고 가지 딴다 | 적도 딸 줄 모르면서 가지를 따려 든다는 뜻으로, 기초적인 것도 모르면서 어려운 것을 하려 드는 것을 이르는 말. |

> 흥:재미나 즐거움을 일어나게 하는 감정.

## 한자성어

**ㅈ**

| | |
|---|---|
| 자격지심 | 자기가 한 일에 대하여 스스로 미흡하게 여기는 마음. |
| 자귀물론 | 저절로 말할 필요가 없게 된다는 뜻으로, 오래된 일이나 대수롭지 않은 일은 저절로 흐지부지해짐을 이르는 말. |
| 작사도방 | 길가에 집 짓기라는 뜻으로, 무슨 일에 여러 사람의 의견이 서로 달라서 얼른 결정하지 못함을 이르는 말. |
| 적빈무의 | 몹시 가난한 데다가 의지할 곳도 없음. |
| 적연부동 | 아주 고요하여 움직임이 없음. |
| 전도유망 | 앞으로 잘될 희망이 있음. |
| 전무후무 | 이전에도 없었고 앞으로도 없음. |
| 조과지도 | 살아가는 길. |
| 조실부모 | 어려서 부모를 여읨. |
| 좌지우지 | 이리저리 제 마음대로 휘두르거나 다룸. |
| 죄지경중 | 죄의 가벼움과 무거움. |

> 미흡하다:아직 흡족하지못하거나만족스럽지아니하다.

> 여의다:부모나 사랑하는 사람이 죽어서 이별하다.

**ㅈ**

| | |
|---|---|
| 자가이식 | 하나의 개체 안에서 조직이나 기관을 다른 부위로 옮기는 일. |
| 자갈색 | 자줏빛을 띤 갈색. |
| 자동개폐기 | 회로에서 필요한 때에 자동으로 열리고 닫히는 스위치. 자동 개폐 장치라고도 한다. |
| 자매회사 | 같은 목적과 정신으로 밀접한 관계를 유지하면서 운영하는 회사. 또는 그 관계에 있는 회사들. |
| 자과심 | 스스로 과시하고 자랑하려는 마음. |
| 자광 | 자비로운 은혜. |
| 자괴감 | 스스로 부끄러워하는 마음. |
| 자구책 | 스스로를 구원하기 위한 방책. 예) 자구책을 마련하기 위해 모두 모였다. |
| 자금난 | 자본이 되는 돈이 부족하거나 없어서 생기는 곤란. |
| 자급력 | 필요한 물자를 스스로 마련할 수 있는 힘. |
| 자기감정 | 자기에 대하여 스스로 느끼는 감정. |
| 자기만족 | 자기 자신이나 자기의 행위에 대하여 스스로 흡족하게 여김. |
| 자기방어적 | 외부의 공격으로부터 자신을 보호하는 것. |
| 자기중심적 | 남의 일보다 자기의 일을 먼저 생각하고 더 중요하게 여기는 것. |
| 자기희생적 | 남을 위하여 자기의 수고나 목숨을 아끼지 아니하는 것. |
| 자녀 | 아들과 딸을 아울러 이르는 말. |
| 자매 | 여자끼리의 동기(同氣). 언니와 여동생 사이를 이른다. |
| 자멸적 | 자기 스스로 멸망하는 것. |
| 자본 | 장사나 사업 따위의 기본이 되는 돈. 예) 그 일을 하기에 자본이 부족하다. |
| 자비심 | 스스로 자기 자신을 남보다 낮추어 보거나 못하다고 여기는 마음. |
| 자산가 | 재산을 많이 가지고 있는 사람. 예) 그는 유명한 자산가였다. |
| 잔반 | 먹고 남은 밥. |
| 잔여물 | 완전히 제거되고 소비되지 않고 남아 있는 물질이나 물건 따위. |
| 잠복 | 드러나지 않게 숨음. |
| 잠수 | 물속으로 잠겨 들어감. 또는 그런 일. 예) 잠수를 배우고 싶어 수강 신청했다. |
| 잠재력 | 겉으로 드러나지 않고 속에 숨어 있는 힘. |

개폐 : 열고 닫음.

자비롭다 : 남을 깊이 사랑하고 가엾게 여기는 마음이 있는 듯하다.

방책 : 방법과 꾀를 아울러 이르는 말.

멸망하다 : 망하여 없어지다.

| 재각 | 재주와 지각(知覺)을 아울러 이르는 말. |
| 재개발 | 이미 있는 것을 더 낫게 하기 위하여 다시 개발함. |
| 재건축 | 기존에 있던 건축물을 허물고 다시 세우거나 쌓아 만듦. |
| 재결합 | 한 번 헤어지거나 떨어졌다가 다시 결합함. |
| 재고 | 어떤 일이나 문제 따위에 대하여 다시 생각함. |
| 재교부 | 한 번 내준 증명서 따위의 서류를 다시 내줌. |
| 재난 | 뜻밖에 일어난 재앙과 고난. |
| 재단사 | 옷을 마름질하는 것을 전문으로 하는 사람. |
| 재력가 | 재산이 많은 사람. 예) 소문난 재력가로 기부도 많이 했다. |
| 재봉 | 옷감 따위를 말라서 바느질하는 일. |
| 재조명 | 일이나 사물의 가치를 다시 들추어 살펴봄. |
| 저돌적 | 앞뒤를 생각하지 않고 내닫거나 덤비는 것. |
| 저지대 | 낮은 지대. |
| 정례적 | 일정하게 정하여진 규칙이나 관례대로 하는 것. |
| 정색 | 얼굴에 엄정한 빛을 나타냄. 또는 그런 얼굴빛. |
| 정서적 | 정서를 불러일으키는 것. |
| 주거 | 일정한 곳에 머물러 삶. 또는 그런 집. |
| 주도권 | 주동적인 위치에서 이끌어 나갈 수 있는 권리나 권력. |
| 주야간 | 주간과 야간을 아울러 이르는 말. |
| 주연배우 | 연극이나 영화에서, 주인공 역을 맡아 연기하는 배우. |
| 주원료 | 주된 원료. |
| 주작 | 없는 사실을 꾸며 만듦. 예) 주작한 이야기는 믿지마. |
| 지각력 | 알아 깨달을 수 있는 힘. |
| 지구력 | 오랫동안 버티며 견디는 힘. |
| 지도급 | 지도를 할 만한 수준이나 계급. |
| 지망생 | 어떤 전문적인 분야의 일을 배우고자 하는 사람. |
| 지반 | 땅의 표면. |
| 지배자 | 남을 지배하거나 지배적인 위치에 있는 사람. |

마름질:옷감이나 재목따위를 치수에 맞도록 재거나 자르는 일.

관례:전부터 해내려오던 전례(前例)가 관습으로 굳어진 것.

정서:사람의 마음에 일어나는 여러 가지 감정. 또는 감정을 불러일으키는 기분이나 분위기.

**관용구** ·······················································································

빈 칸에 알맞은 낱말을 쓰시오.

1) ☐☐ 을 차리다.

· 잃었던 의식을 되찾다.


2) ☐☐ 를 감추다.

· 남이 모르게 어디로 가거나 숨다.


3) ☐☐ 이 맞다.

· 가락이 잘 맞다.


4) ☐☐ 를 걷다.

· 병이 낫다.


**고유어** ·······················································································

밑줄 친 낱말의 알맞은 뜻을 찾아 번호를 쓰시오.

1) 흐뭇한 표정으로 자랑삼아 말했다. (     )

2) 나뭇가지가 드리운 호숫가에 이는 잔물결. (     )

3) 품행이 방정맞고 자발없긴 해도 착한 아이다. (     )

4) 그 분야의 최고로 자리매김할 수 있는 좋은 기회다. (     )

5) 이젠 잔걱정 따위 하지 않고 앞만 보기로 했다. (     )

6) 기대했던 것보다 자못 아름다웠다. (     )

7) 몇번의 자맥질 끝에 결국 포기했다. (     )

① 남에게 드러내어 뽐낼 만한 거리로 하다.
② 사회나 사람들의 인식 따위에 어느 정도의 고정된 위치를 차지함. 또는 그런 일.
③ 자질구레한 걱정.
④ 생각보다 매우.
⑤ 물속에서 팔다리를 놀리며 떴다 잠겼다 하는 짓.
⑥ 자잘하게 이는 물결. 초속 1미터 이상 5미터 이하의 바람이 불 때 주름살같이 생기는 물결이다.
⑦ 행동이 가볍고 참을성이 없다.

## 속담

속담의 뜻을 찾아 연결하시오.

1) 저 하고 싶어서 하는 일 ●
은 힘든 줄 모른다.

2) 적도 모르고 가지 딴다. ●

3) 자는 벌집 건드린다. ●

4) 자던 아이 깨겠다. ●

5) 자식도 품 안에 들 때 내 ●
자식이지.

6) 자식은 낳기보다 키우 ●
기가 더 어렵다.

● ㉠ 너무도 뜻밖의 말이라 자던 아이도 놀라 깨겠다는 뜻
으로, 쓸데없는 말로 일을 시끄럽게 만들지 말라는 말.

● ㉡ 자식이 어렸을 때는 부모의 뜻을 따르지만 자라서는
제 뜻대로 행동하려 함을 비유적으로 이르는 말.

● ㉢ 부모가 자식을 낳는 일보다 자식을 키우고 훌륭한 사
람이 되도록 하는 것이 더 힘들고 어렵다는 말.

● ㉣ 자기가 하고 싶어서 하는 일은 흥이 나서 한다는 말.

● ㉤ 적도 딸 줄 모르면서 가지를 따려 든다는 뜻으로, 기초
적인 것도 모르면서 어려운 것을 하려 드는 것을 이르
는 말.

● ㉥ 그대로 가만히 두었으면 아무 탈이 없을 것을 공연히
건드려 문제를 일으킴을 비유적으로 이르는 말.

## 한자성어

보기를 보고 빈칸에 알맞은 말을 쓰시오.

1) 이전에도 없었고 앞으로도 없음.

2) 자기가 한 일에 대하여 스스로 미흡하게 여기는 마음.

3) 몹시 가난한 데다가 의지할 곳도 없음.

4) 앞으로 잘될 희망이 있음.

5) 아주 고요하여 움직임이 없음.

6) 어려서 부모를 여읨.

7) 이리저리 제 마음대로 휘두르거나 다룸.

8) 죄의 가벼움과 무거움.

| 보기 | 적빈무의　적연부동　전무후무　좌지우지 |
| --- | --- |
| | 전도유망　조실부모　자격지심　죄지경중 |

**어휘 탐구** ·················································································································································

빈 칸에 알맞은 말을 쓰시오.

1) 지나친 비난을 받고 [ ][ ][ ] 이 들었다.

· 스스로 부끄러워하는 마음.

2) [ ][ ][ ] 였던 그는 남을 돕고 살았다.

· 재산을 많이 가지고 있는 사람.

3) [ ][ ][ ] 이 남지 않게 깨끗이 세척했다.

· 완전히 제거되고 소비되지 않고 남아 있는 물질이나 물건 따위.

4) 범인을 잡기 위해 [ ][ ] 할 계획을 세웠다.

· 드러나지 않게 숨음.

5) 너에게는 앞으로 성공할 [ ][ ][ ] 이 있다.

· 겉으로 드러나지 않고 속에 숨어 있는 힘.

6) 거래처의 도산으로 인해 [ ][ ][ ] 이 생겼다.

· 자본이 되는 돈이 부족하거나 없어서 생기는 곤란.

7) 위기에 빠지자 [ ][ ][ ] 을 꺼내기 시작했다.

· 스스로를 구원하기 위한 방책.

8) 결혼을 하고 [ ][ ] 를 낳았다.

· 아들과 딸을 아울러 이르는 말.

9) 사업을 시작하려면 충분한 [ ][ ] 이 필요하다.

· 장사나 사업 따위의 기본이 되는 돈.

10) 할머니가 살고 있는 집은 ☐☐☐ 이 예정되어 있는 지역에 있었다.

· 이미 있는 것을 더 낫게 하기 위하여 다시 개발함.


11) 아마도 이 집단에서 ☐☐☐ 의 위치에 있는 사람인 것 같다.

· 남을 지배하거나 지배적인 위치에 있는 사람.


12) 도저히 믿을 수가 없어서 다들 ☐☐ 이라고 생각했다.

· 없는 사실을 꾸며 만듦.


13) 오늘 ☐☐☐ 근무표가 나온다.

· 주간과 야간을 아울러 이르는 말.


14) 헤어진 부부가 ☐☐☐ 을 하기도 했다.

· 한 번 헤어지거나 떨어졌다가 다시 결합함.


15) 그는 배운 기술을 토대로 ☐☐☐ 로 취직했다.

· 옷을 마름질하는 것을 전문으로 하는 사람.


16) 오랜 세월이 흘러 드디어 그 작품이 ☐☐☐ 을 받기 시작했다.

· 일이나 사물의 가치를 다시 들추어 살펴봄.


17) 서로 ☐☐☐ 을 갖기 위해 경쟁했다.

· 주동적인 위치에서 이끌어 나갈 수 있는 권리나 권력.


18) 그는 청운의 꿈을 안고 연기자 ☐☐☐ 으로 상경했다.

· 어떤 전문적인 분야의 일을 배우고자 하는 사람.

## 관용구

### ㅉ

| | |
|---|---|
| 짝짜꿍이가 벌어지다 | 여러 사람이 시끄럽게 떠들다. |
| 쪽박을 차다 | 거지가 되다. |
| 찌르고 들어가다 | 활쏘기에서, 활쏘기를 처음에는 거절하였다가 겨루는 날에 추가로 응하다. 이때는 맞은 화살의 반 획을 감한다 |

### ㅊ

| | |
|---|---|
| 차포 오졸 | 꼼짝 못 하게 들이덤비는 공세를 비유적으로 이르는 말. |
| 찬밥 더운밥 가리다 | 어려운 형편에 있으면서 배부른 행동을 하다. |
| 초상난 집 같다 | 걱정과 비애 속에 잠겨 아주 스산하고 서글픈 분위기이다. |
| 치감고 내리감다 | 아래위 옷을 모두 비단으로만 입어서 온몸을 감다시피 하다. |
| 추격을 붙이다 | 전술을 연습하게 하다. |

## 고유어

### ㅉ

| | |
|---|---|
| 짜깁다 | 직물의 찢어진 곳을 본디대로 흠집 없이 짜서 깁다. |
| 짜디짜다 | 매우 짜다. 예) 짜디짠 반찬. |
| 짜맞추다 | 흩어지거나 조각난 것들을 잘 들어맞게 하다. |
| 짠돌이 | 구두쇠처럼 매우 인색한 남자를 비유적으로 이르는 말. |
| 짠맛 | 소금과 같은 맛. 예) 짠맛이 강했다. |
| 짠바람 | 바다에서 불어오는 소금기를 품은 바람. |
| 짠지 | 무를 통째로 소금에 짜게 절여서 묵혀 두고 먹는 김치. 김장 때 담가서 이듬해 봄부터 여름까지 먹는다. |
| 쪼개지다 | 둘 이상으로 나누어지다. |
| 찌그러지다 | 짓눌려서 여기저기 고르지 아니하게 우그러지다. |
| 찌들다 | 물건이나 공기 따위에 때나 기름이 들러붙어 몹시 더러워지다. |
| 쩨쩨하다 | 너무 적거나 하찮아서 시시하고 신통치 않다. |

비애 : 슬퍼하고 서러워함. 또는 그런 것

구두쇠 : 돈이나 재물 따위를 쓰는데에 몹시 인색한 사람.

시시하다 : 신통한 데가 없고 하찮다.

김장 : 겨우내 먹기 위하여 김치를 한꺼번에 많이 담그는 일. 또는 그렇게 담근 김치.

| | |
|---|---|
| 째려보다 | 못마땅하여 매서운 눈초리로 흘겨보다. |
| 쪽빛 | 짙은 푸른빛. 예) 따사로운 햇빛이 드리우는 쪽빛 바다. |
| 쪽잠 | 짧은 틈을 타서 불편하게 자는 잠. 예) 쪽잠을 자고 눈을 떴다. |
| 찌꺼기 | 액체가 다 빠진 뒤에 바닥에 남은 물건. |
| 찐덥다 | 남을 대하기가 마음에 흐뭇하고 만족스럽다. |
| 찐보리 | 애벌 쪄서 그냥 안칠 수 있게 만든 보리. |
| 찐하다 | 안타깝게 뉘우쳐져 마음이 언짢고 아프다. |
| 찡긋 | 눈이나 코를 약간 찡그리는 모양. |
| 찡찡하다 | 마음에 걸리는 일이 있어 겸연쩍고 거북하다. |
| 찝찌레하다 | 감칠맛이 없게 조금 짜다. |

## 속담

**ㅉ**

| | |
|---|---|
| 쭈그렁밤송이 삼 년 간다 | 약하게 보이는 것이 생각보다 오래 견딤을 비유적으로 이르는 말. |
| 쭈그리고 앉은 손님 사흘 만에 간다 | 생각보다 오래 견디는 경우를 비유적으로 이르는 말. |

**ㅊ**

| | |
|---|---|
| 채반이 용수가 되게 우긴다 | 사리에 맞지 아니하는 의견을 끝까지 주장하는 경우를 비꼬아 이르는 말. |
| 찬밥 두고 잠 아니 온다 | 대수롭지 아니한 것에 미련을 두고 단념하지 못함을 비유적으로 이르는 말. |
| 찬물 먹고 냉돌방에서 땀 낸다 | 도무지 이치에 닿지 않는 말이니 하지도 말라는 말. |
| 창공에 뜬 백구 | 손에 잡히지 아니하여서 실속 없고 소용없는 것을 비유적으로 이르는 말. |

뉘우치다 : 스스로 제 잘못을 깨닫고 마음속으로 가책을 느끼다.

거북하다 : 몸이 찌뿌드드하고 괴로워 움직임이 자연스럽지 못하거나 자유롭지 못하다.

사리 : 일의 이치.

미련 : 깨끗이 잊지 못하고 끌리는 데가 남아 있는 마음.

**관용구** ·····················································································································

빈 칸에 알맞은 낱말을 쓰시오.

1) ☐☐ 을 차다.

· 거지가 되다.

2) ☐☐ 더운 밥 가리다.

· 어려운 형편에 있으면서 배부른 행동을 하다.

3) ☐☐ 을 붙이다.

· 전술을 연습하게 하다.

4) ☐☐ 오졸.

· 꼼짝 못 하게 들이덤비는 공세를 비유적으로 이르는 말.

**고유어** ·····················································································································

밑줄 친 낱말의 알맞은 뜻을 찾아 번호를 쓰시오.

1) 세게 내려치니 둘로 쪼개졌다. (        )

2) 그는 짠돌이로 유명하다. (        )

3) 혀끝에 살아나는 짠맛. (        )

4) 여기저기 찌그러진 부분을 고쳤다. (        )

5) 파도가 치는 소리가 들리며 코끝에 짠바람이 일렁인다. (        )

6) 짜디짠 소금을 꿀꺽 삼켰다. (        )

7) 우선 찢어진 부분을 급하게 짜깁고 나서 다시 살펴보기로 했다. (        )

> ① 소금과 같은 맛.
> ② 짓눌려서 여기저기 고르지 아니하게 우그러지다.
> ③ 바다에서 불어오는 소금기를 품은 바람.
> ④ 둘 이상으로 나누어지다.
> ⑤ 구두쇠처럼 매우 인색한 남자를 비유적으로 이르는 말.
> ⑥ 매우 짜다.
> ⑦ 직물의 찢어진 곳을 본디대로 흠집 없이 짜서 깁다.

## 속담

속담의 뜻을 찾아 연결하시오.

1) 쭈그렁밤송이 삼 년 간다 ●

2) 창공에 뜬 백구 ●

3) 찬밥 두고 잠 아니 온다 ●

4) 찬물 먹고 냉돌방에서 땀 낸다 ●

5) 쭈그리고 앉은 손님 사흘 만에 간다 ●

6) 채반이 용수가 되게 우긴다 ●

● ㉠ 도무지 이치에 닿지 않는 말이니 하지도 말라는 말.

● ㉡ 생각보다 오래 견디는 경우를 비유적으로 이르는 말.

● ㉢ 사리에 맞지 아니하는 의견을 끝까지 주장하는 경우를 비꼬아 이르는 말.

● ㉣ 약하게 보이는 것이 생각보다 오래 견딤을 비유적으로 이르는 말.

● ㉤ 손에 잡히지 아니하여서 실속 없고 소용없는 것을 비유적으로 이르는 말.

● ㉥ 대수롭지 아니한 것에 미련을 두고 단념하지 못함을 비유적으로 이르는 말.

## 속담 2

속담의 뜻을 찾아 연결하시오.

1) 찬물도 위아래가 있다 ●

2) 착한 며느리도 악처만 못하다 ●

3) 처삼촌 뫼에 벌초하듯 ●

4) 추우면 다가들고 더우면 물러선다 ●

5) 춘풍으로 남을 대하고 추풍으로 나를 대하라 ●

6) 치마가 열두 폭인가 ●

● ㉠ 옳고 그름이나 신의를 돌보지 않고 자기의 이익만 꾀함을 비유적으로 이르는 말.

● ㉡ 남에게는 부드럽게 자신에게는 엄격하게 대하라는 말.

● ㉢ 남의 일에 쓸데없이 간섭하고 참견함을 비꼬는 말.

● ㉣ 무엇에나 순서가 있으니, 그 차례를 따라 하여야 한다는 말.

● ㉤ 차라리 악처가 남보다 낫다는 말.

● ㉥ 일에 정성을 들이지 아니하고 마지못하여 건성으로 함을 비유적으로 이르는 말.

## 관용구

**ㅊ**

| | |
|---|---|
| 채를 잡다 | 주도적인 역할을 하거나 주도권을 잡고 조종하다. |
| 채찍을 가하다 | 충고, 격려 따위를 하다. |
| 체면이 사납다 | 체면이 서지 아니하여 부끄럽고도 분하다. |
| 천길만길 뛰다 | 몹시 성나거나 기겁하여 펄쩍 뛰다. |
| 천불이 나다 | 열기가 날 정도로 몹시 눈에 거슬리거나 화가 나다. |
| 천지가 진동하다 | 소리가 매우 크다. 예) 어찌나 소리가 큰지 천지가 진동한다. |
| 천하를 얻은 듯 | 매우 기쁘고 만족스러움을 비유적으로 이르는 말. |
| 청운의 꿈 | 입신출세하려는 꿈을 비유적으로 이르는 말. |
| 청이 떨어지다 | 참외, 오이 따위가 익어서 속이 그 살의 안쪽 벽에서 떨어지다. |
| 천 갈래 만 갈래 | 아주 많은 여러 갈래. |

## 고유어

**ㅊ**

| | |
|---|---|
| 추워지다 | 대기의 온도가 낮아지다. 예) 날씨가 부쩍 추워졌다. |
| 추적추적하다 | 비나 진눈깨비가 자꾸 축축하게 내리다. |
| 천천히 | 동작이나 태도가 급하지 아니하고 느리게. |
| 청승맞다 | 궁상스럽고 처량하여 보기에 몹시 언짢다. |
| 채썰기 | 야채나 과일 따위를 가늘고 길쭉하게 잘게 써는 방법. |
| 채찍질 | 채찍으로 치는 일. |
| 치달리다 | 아래에서 위로 향하여 달리다. |
| 치뜨다 | 눈을 위쪽으로 뜨다. 예) 불쾌한 듯 눈을 치뜨고 바라보았다. |
| 치솟다 | 위쪽으로 힘차게 솟다. |
| 치신사납다 | 몸가짐을 잘못하여 꼴이 몹시 언짢다. |
| 치우다 | 물건을 다른 데로 옮기다. |
| 침방울 | 침의 작은 덩이. |

**조종하다**:비행기나 선박, 자동차 따위의 기계를 다루어 부리다.

**기겁하다**:숨이 막힐 듯이 갑작스럽게 겁을 내며 놀라다.

**입신출세**:성공하여 세상에 이름을 떨침.

**궁상스럽다**:보기에 궁상맞은 데가 있다.

## 속담

### ㅊ

| | |
|---|---|
| 차려놓은 밥상 받듯 | 이미 준비된 일을 하는 것처럼 힘 안 들이고 손쉽게 일하는 것을 비유적으로 이르는 말. |
| 참새 물 먹듯 | 음식을 조금씩 여러 번 먹는 모양을 비유적으로 이르는 말. |
| 천 길 물속은 알아도 한 길 사람의 속은 모른다 | 사람의 속마음을 헤아리기란 매우 어렵다는 말. |
| 치마폭이 넓다 | 남의 일에 쓸데없이 간섭하고 참견하다. |
| 친구 따라 강남 간다 | 자신은 별로 하고 싶지 않은 일을 남이 하는 대로 덩달아 하게 됨을 비유적으로 이르는 말. |
| 칠푼짜리 돼지 꼬리 같다 | 아무짝에도 쓸모없음을 비유적으로 이르는 말. |
| 침 발린 말 | 겉으로만 꾸며서 듣기 좋게 하는 말을 비유적으로 이르는 말. |

## 한자성어

### ㅊ

| | |
|---|---|
| 청천벽력 | 맑게 갠 하늘에서 치는 날벼락이라는 뜻으로, 뜻밖에 일어난 큰 변고나 사건을 비유적으로 이르는 말. |
| 초로인생 | 풀잎에 맺힌 이슬과 같은 인생이라는 뜻으로, 허무하고 덧없는 인생을 비유적으로 이르는 말. |
| 초지일관 | 처음에 세운 뜻을 끝까지 밀고 나감. |
| 촌철살인 | 한 치의 쇠붙이로도 사람을 죽일 수 있다는 뜻으로, 간단한 말로도 남을 감동하게 하거나 남의 약점을 찌를 수 있음을 이르는 말. |
| 출가외인 | 시집간 딸은 친정 사람이 아니고 남이나 마찬가지라는 뜻으로 이르는 말. |
| 취사선택 | 여럿 가운데서 쓸 것은 쓰고 버릴 것은 버림. |
| 측은지심 | 사단의 하나. 불쌍히 여기는 마음을 이른다. 인의예지 가운데 인에서 우러나온다. |
| 칠전팔기 | 일곱 번 넘어지고 여덟 번 일어난다는 뜻으로, 여러 번 실패하여도 굴하지 아니하고 꾸준히 노력함을 이르는 말. |
| 침소봉대 | 작은 일을 크게 불리어 떠벌림. |

**낭패**: 계획한 일이 실패로 돌아가거나 기대에 어긋나 매우 딱하게 됨.

**변고**: 갑작스러운 재앙이나 사고

**떠벌리다**: 이야기를 과장하여 늘어놓다.

## ㅊ

| | |
|---|---|
| 차고지 | 자동차, 기차, 전차 따위의 차량을 세워 두거나 보관해 두는 장소. |
| 차광성 | 빛을 막는 성질. |
| 차녀 | 둘째 딸. 예) 1남 2녀 중 차녀입니다. |
| 차선 | 최선의 다음. 예) 차선으로 생각해볼 여지가 있습니다. |
| 차단기 | 기차, 전차 따위가 지나갈 때에 자동차나 사람이 건너다니지 못하도록 철도 건널목을 막는 장치. |
| 차량 | 도로나 선로 위를 달리는 모든 차를 통틀어 이르는 말. |
| 차별 | 둘 이상의 대상을 각각 등급이나 수준 따위의 차이를 두어서 구별함. |
| 차명 | 남의 이름을 빌려 씀. 또는 그 이름. |
| 차이점 | 서로 같지 아니하고 다른 점. |
| 찬사 | 칭찬하거나 찬양하는 말이나 글. |
| 찬양 | 아름답고 훌륭함을 크게 기리고 드러냄. |
| 참가자 | 모임이나 단체 또는 일 따위에 참가하는 사람. |
| 참경 | 끔찍하고 비참한 광경. |
| 참극 | 슬프고 끔찍한 내용의 연극. |
| 참모 | 윗사람을 도와 어떤 일을 꾀하고 꾸미는 데에 참여함. 또는 그런 사람. |
| 참사 | 비참하고 끔찍한 일. 예) 사고가 일어나 참사가 발생했다. |
| 참상 | 비참하고 끔찍한 상태나 상황. |
| 참석 | 모임이나 회의 따위의 자리에 참여함. |
| 참신성 | 새롭고 산뜻한 특성. |
| 참조 | 참고로 비교하고 대조하여 봄. |
| 참회 | 자기의 잘못에 대하여 깨닫고 깊이 뉘우침. |
| 처가 | 아내의 본가. 예) 오늘은 처가에 가야 한다. |
| 처단 | 결단을 내려 처치하거나 처분함. |
| 처부모 | 아내의 친정 부모. 곧, 장인과 장모를 이른다. |
| 처삼촌 | 아내의 친정 삼촌. |
| 처세 | 사람들과 사귀며 살아감. 또는 그런 일. |
| 처소 | 사람이 기거하거나 임시로 머무는 곳. 예) 처소에 가서 기다리시오. |

선로 : 기차나 전차의 바퀴가 굴러가도록 레일을 깔아 놓은 길.

비참하다 : 더할 수 없이 슬프고 끔찍하다.

처치하다 : 일을 감당하여 처리하다.

| | |
|---|---|
| 천년 | 오랜 세월. 예) 천년이 흘러도 변하지 않을 거야. |
| 천대 | 업신여기어 천하게 대우하거나 푸대접함. |
| 천리향 | 향기가 천 리까지 날 만큼 매우 좋은 향. |
| 천만금 | 아주 많은 돈이나 값어치. |
| 천부적 | 태어날 때부터 지닌 것. 예) 천부적인 재능을 가지고 있다. |
| 천흑색 | 아주 엷은 검은색. |
| 초경질 | 보통보다 훨씬 굳고 단단한 성질. |
| 초고 | 초벌로 쓴 원고. |
| 초고속 | 극도로 빠른 속도. 예) 초고속으로 이루어진 결정. |
| 초과분 | 초과한 분량. |
| 초년생 | 그 분야나 일에 종사한 지 얼마 되지 않은 사람. |
| 초대연 | 손님을 초대하여 베푸는 연회. |
| 초대형 | 크기가 아주 큰 것. |
| 초만원 | 사람이 정원을 넘어 더할 수 없이 꽉 찬 상태. |
| 초면 | 처음으로 대하는 얼굴. 또는 처음 만나는 처지. |
| 초보 | 처음으로 내딛는 걸음. 예) 아직 초보지만 노력하겠습니다. |
| 초심 | 처음에 먹은 마음. 예) 초심을 잃지 말자. |
| 초월 | 어떠한 한계나 표준을 뛰어넘음. |
| 초혼 | 처음으로 하는 혼인. |
| 추모 | 죽은 사람을 그리며 생각함. 예) 고인을 추모하는 시간. |
| 추수 | 가을에 익은 곡식을 거두어들임. |
| 추앙 | 높이 받들어 우러러봄. |
| 추억 | 지나간 일을 돌이켜 생각함. 또는 그런 생각이나 일. |
| 추정 | 미루어 생각하여 판정함. |
| 추진력 | 물체를 밀어 앞으로 내보내는 힘. 예) 막힘 없는 추진력으로 밀어붙였다. |
| 추천 | 어떤 조건에 적합한 대상을 책임지고 소개함. |
| 추첨 | 제비를 뽑음. 예) 추첨을 통해 결과를 발표하겠습니다. |

업신여기다 : 교만한 마음에서 남을 낮추어 보거나 하찮게 여기다.

연회 : 축하, 위로, 환영, 석별 따위를 위하여 여러 사람이 모여 베푸는 잔치.

판정 : 판별하여 결정함.

## 문제로 실력 쌓기

**관용구** ...............................................................................

빈 칸에 알맞은 낱말을 쓰시오.

1) ☐☐ 이 사납다.

· 체면이 서지 아니하여 부끄럽고도 분하다.

2) ☐☐ 이 나다.

· 열기가 날 정도로 몹시 눈에 거슬리거나 화가 나다.

3) ☐☐ 의 꿈.

· 입신출세하려는 꿈을 비유적으로 이르는 말.

4) ☐☐ 를 얻은 듯.

· 매우 기쁘고 만족스러움을 비유적으로 이르는 말.

**고유어** ...............................................................................

밑줄 친 낱말의 알맞은 뜻을 찾아 번호를 쓰시오.

1) 날씨가 <u>추워지니</u> 점퍼를 입어야겠다. (       )

2) 급하게 가지 말고 <u>천천히</u> 가세요. (       )

3) 분노에 가득 차 <u>채찍질</u>을 멈추지 않았다. (       )

4) 사용하지 않는 물건은 저쪽으로 <u>치우세요</u>. (       )

5) <u>침방울</u>이 툭툭 떨어졌다. (       )

6) 갑작스럽게 <u>치솟아</u> 깜짝 놀랐다. (       )

7) 표정 없이 눈을 <u>치뜨고</u> 정면을 바라보았다. (       )

① 침의 작은 덩이.
② 위쪽으로 힘차게 솟다.
③ 눈을 위쪽으로 뜨다.
④ 대기의 온도가 낮아지다.
⑤ 동작이나 태도가 급하지 아니하고 느리게.
⑥ 채찍으로 치는 일.
⑦ 물건을 다른 데로 옮기다.

## 속담

속담의 뜻을 찾아 연결하시오.

1) 친구 따라 강남 간다 ●

2) 칠푼짜리 돼지 꼬리 같다 ●

3) 차려놓은 밥상 받듯 ●

4) 침 발린 말 ●

5) 참새 물 먹듯 ●

6) 천 길 물속은 알아도 한 길 사람의 속은 모른다 ●

● ㉠ 겉으로만 꾸며서 듣기 좋게 하는 말을 비유적으로 이르는 말.

● ㉡ 음식을 조금씩 여러 번 먹는 모양을 비유적으로 이르는 말.

● ㉢ 사람의 속마음을 헤아리기란 매우 어렵다는 말.

● ㉣ 자신은 별로 하고 싶지 않은 일을 남이 하는 대로 덩달아 하게 됨을 비유적으로 이르는 말.

● ㉤ 아무짝에도 쓸모없음을 비유적으로 이르는 말.

● ㉥ 이미 준비된 일을 하는 것처럼 힘 안 들이고 손쉽게 일하는 것을 비유적으로 이르는 말.

## 한자성어

보기를 보고 빈칸에 알맞은 말을 쓰시오.

1) 사단의 하나. 불쌍히 여기는 마음을 이른다. 인의예지 가운데 인에서 우러나온다.

2) 작은 일을 크게 불리어 떠벌림.

3) 여럿 가운데서 쓸 것은 쓰고 버릴 것은 버림.

4) 시집간 딸은 친정 사람이 아니고 남이나 마찬가지라는 뜻으로 이르는 말.

5) 처음에 세운 뜻을 끝까지 밀고 나감.

6) 뜻밖에 일어난 큰 변고나 사건을 비유적으로 이르는 말.

7) 허무하고 덧없는 인생을 비유적으로 이르는 말.

8) 여러 번 실패하여도 굴하지 아니하고 꾸준히 노력함을 이르는 말.

| 보기 | 칠전팔기　출가외인　초지일관　침소봉대 |
| --- | --- |
| | 측은지심　청천벽력　초로인생　취사선택 |

93

**어휘 탐구** .............................................................................................

빈 칸에 알맞은 말을 쓰시오.

1)그녀는 3남 2녀의 [    ] 이다.

· 둘째 딸.


2) 작품을 발표하고 큰 [    ] 를 받았다.

· 칭찬하거나 찬양하는 말이나 글.


3) 아무도 예상하지 않은 비극적인 [    ] 였다.

· 비참하고 끔찍한 일.


4) 화술과 [    ] 에 뛰어난 사람이었다.

· 사람들과 사귀며 살아감. 또는 그런 일.


5) 절대 용서하지 않고 [    ] 하겠다.

· 결단을 내려 처치하거나 처분함.


6) 미리 [    ] 에 가서 기다리시오.

· 사람이 기거하거나 임시로 머무는 곳.


7) 눈물로 [    ] 하는 시간.

· 자기의 잘못에 대하여 깨닫고 깊이 뉘우침.


8) [    ] 로 활동하며 크게 활약하였다.

· 윗사람을 도와 어떤 일을 꾀하고 꾸미는 데에 참여함. 또는 그런 사람


9) 그렇지 않아도 [    ] 에 다녀오는 길이다.

· 아내의 본가.

10) 그저 ☐☐ 받는 처지가 한탄스러웠다.

· 업신여기어 천하게 대우하거나 푸대접함.


11) 그는 어릴 적부터 피아노에 ☐☐☐ 재능이 있었다.

· 태어날 때부터 지닌 것.


12) 일주일 뒤에 ☐☐ 를 완성했다.

· 초벌로 쓴 원고.


13) 대학을 졸업하고 이제 ☐☐☐ 으로 사회에 한 발을 내딛었다.

· 그 분야나 일에 종사한 지 얼마 되지 않은 사람.


14) 서로 ☐☐ 이었지만 낯선 느낌은 아니다.

· 처음으로 대하는 얼굴. 또는 처음 만나는 처지.


15) 훗날 ☐☐ 을 잃지 않는 사람이 되어야겠다.

· 처음에 먹은 마음.


16) 구는 사별을 경험한 재혼이었고 그녀는 ☐☐ 이었다.

· 처음으로 하는 혼인.


17) 훗날 사람들에게 ☐☐ 받는 존재가 되었다.

· 높이 받들어 우러러봄.


18) 그 사고 돌아가신 분들을 ☐☐ 하는 시간을 가졌다.

· 죽은 사람을 그리며 생각함.

## 관용구

**ㅋ**

| | |
|---|---|
| 칼을 갈다 | 싸움이나 침략 따위를 준비하다. 예) 뒤에서 칼을 갈고 기회를 엿보고 있다. |
| 칼자루를 잡다 | 어떤 일에 실제적인 권한을 가지다. |
| 칼춤을 추다 | 칼을 가지고 능숙하게 휘두르다. |
| 칼자루를 휘두르다 | 권력을 사용하다. |
| 코가 빠지다 | 근심에 싸여 기가 죽고 맥이 빠지다. |
| 코가 세다 | 남의 말을 잘 듣지 않고 고집이 세다. |
| 코가 꿰이다 | 약점이 잡히다. 예) 아마도 코가 꿰어서 그런 선택을 한 것 같다. |
| 코가 납작해지다 | 몹시 무안을 당하거나 기가 죽어 위신이 뚝 떨어지다. |
| 코가 높다 | 잘난 체하고 뽐내는 기세가 있다. 예) 거만하고 코가 높게 행동했다. |
| 코가 땅에 닿다 | 머리를 깊이 숙이다. 예) 코가 땅에 닿도록 인사를 했다. |

침략 : 정당한 이유 없이 남의 나라에 쳐들어감.

위신 : 위엄과 신망을 아울러 이르는 말.

## 고유어

**ㅋ**

| | |
|---|---|
| 칼갈이 | 칼을 갈아 날을 세우는 일. |
| 칼같다 | 행동이나 태도 따위가 단호하고 정확하다. |
| 칼등 | 칼날 반대쪽의 두꺼운 부분. |
| 칼바람 | 몹시 매섭고 독한 바람. 예) 칼바람이 부는 어느 겨울밤. |
| 코골이 | 자면서 코를 고는 일. |
| 코끝 | 콧등의 끝. 예) 슬픈 사연을 듣고 있자니 코끝이 시리다. |
| 코밑 | 코의 아랫부분이라는 뜻으로, 아주 가까운 곳을 이르는 말. |
| 코웃음 | 콧소리를 내거나 코끝으로 가볍게 웃는 비난조의 웃음. |
| 코털 | 콧구멍 속에 난 털. 예) 삐져나온 코털. |
| 콩국수 | 콩국에 말아서 만든 국수. 주로 여름에 얼음을 띄워서 먹는다. |
| 키질 | 키로 곡식 따위를 까부르는 일. |
| 키 | 배의 방향을 조종하는 장치. |

비난조 : 남의 잘못이나 결점을 책잡아서 나쁘게 말하는 투.

## 속담

### ㅋ

칼날이 날카로워도 제 자루 못 깎는다
자신이 관계된 일은 자신이 하기가 더 어려움을 비유적으로 이르는 말.

코 막고 답답하다고 한다
제 힘으로 쉽게 할 수 있는 일을 어렵게 생각하여 다른 곳에서 해결책을 찾으려 함을 비유적으로 이르는 말.

코 아니 흘리고 유복하다
고생하지 아니하고 이익을 얻는다는 말.

콩밭에 소 풀어 놓고도 할 말이 있다
남의 콩밭에 소를 풀어놓아 온통 못 쓰게 만들어 놓고도 변명을 한다는 뜻으로, 잘못을 저지르고도 잘하였다고 구실을 늘어놓는 경우를 비유적으로 이르는 말.

큰물에 큰 고기 논다
활동 무대가 커야 통이 큰 사람도 모이고 클 수도 있음을 비유적으로 이르는 말.

큰일이면 작은 일로 두 번 치러라
어렵고 힘든 일은 한 번에 하는 것보다 조금씩 나누어서 하는 것이 낫다는 것을 비유적으로 이르는 말.

키는 작아도 담은 크다
키는 작지만 용감한 사람을 추어올리거나 칭찬하는 말.

**변명:**어떤 잘못이나 실수에 대하여 구실을 대며 그 까닭을 말함.

### ㅌ

타는 불에 부채질한다
남의 재앙을 점점 더 커지도록 만들거나 성난 사람을 더욱 성나게 함을 비유적으로 이르는 말.

탕건 쓰고 세수한다
세수를 하고 머리를 빗고 그다음에 망건을 쓰는 법인데 망건을 먼저 쓰고 세수를 한다는 뜻으로, 일의 순서를 바꾸어 함을 놀림조로 이르는 말.

터진 꽈리 보듯 한다
사람이나 물건을 아주 쓸데없는 것으로 여겨 중요시하지 아니함을 비유적으로 이르는 말.

턱 떨어진 개 지리산 쳐다보듯
공연히 무엇을 바라보기만 하는 것을 비난조로 이르는 말.

턱 떨어진 광대
광대가 연기를 할 때 탈의 끈이 떨어졌다는 뜻으로, 의지할 데가 없어 꼼짝을 못 하게 됨을 비유적으로 이르는 말.

털도 안 뜯고 먹겠다 한다
너무 성급히 행동함을 비유적으로 이르는 말.

털을 뽑아 신을 삼겠다
자신의 온 정성을 다하여 은혜를 꼭 갚겠다는 말.

토끼 입에 콩가루 먹은 것 같다
무엇을 먹은 흔적을 입가에 남기고 있다는 말.

**재앙:**뜻하지 아니하게 생긴 불행한 변고. 또는 천재지변으로 인한 불행한 사고.

## 문제로 실력 쌓기

### 관용구

빈 칸에 알맞은 낱말을 쓰시오.

1) ⬜⬜⬜ 를 잡다.

· 어떤 일에 실제적인 권한을 가지다.

2) ⬜ 가 빠지다.

· 근심에 싸여 기가 죽고 맥이 빠지다.

3) ⬜ 가 꿰이다.

· 약점이 잡히다.

4) ⬜ 가 땅에 닿다.

· 머리를 깊이 숙이다.

### 고유어

밑줄 친 낱말의 알맞은 뜻을 찾아 번호를 쓰시오.

1) 고개를 들면 <u>코털</u>이 보인다. (      )

2) 요즘 <u>코골이</u>가 부쩍 심해졌다. (      )

3) 바로 <u>코웃음</u>치며 대답했다. (      )

4) <u>칼바람</u>이 몰아치던 어느 겨울 밤이었다. (      )

5) 점심에 <u>콩국수</u>를 먹으러 갔다. (      )

6) 칼날과 <u>칼등</u>이 모두 온전하다. (      )

7) 아무리 부탁하고 사정해도 그의 태도는 <u>칼같았다</u>. (      )

> ① 콧소리를 내거나 코끝으로 가볍게 웃는 비난조의 웃음.
> ② 몹시 매섭고 독한 바람.
> ③ 콩국에 말아서 만든 국수. 주로 여름에 얼음을 띄워서 먹는다.
> ④ 콧구멍 속에 난 털.
> ⑤ 자면서 코를 고는 일.
> ⑥ 칼날 반대쪽의 두꺼운 부분.
> ⑦ 행동이나 태도 따위가 단호하고 정확하다.

## 속담

속담의 뜻을 찾아 연결하시오.

1) 콩밭에 소 풀어 놓고도 할 말이 있다 ●

2) 턱 떨어진 개 지리산 쳐다보듯 ●

3) 턱 떨어진 광대 ●

4) 털도 안 뜯고 먹겠다 한다 ●

5) 큰물에 큰 고기 논다 ●

6) 큰일이면 작은 일로 두 번 치러라 ●

● ㉠ 공연히 무엇을 바라보기만 하는 것을 비난조로 이르는 말.

● ㉡ 너무 성급히 행동함을 비유적으로 이르는 말.

● ㉢ 남의 콩밭에 소를 풀어놓아 온통 못 쓰게 만들어 놓고도 변명을 한다는 뜻으로, 잘못을 저지르고도 잘하였다고 구실을 늘어놓는 경우를 비유적으로 이르는 말.

● ㉣ 어렵고 힘든 일은 한 번에 하는 것보다 조금씩 나누어서 하는 것이 낫다는 것을 비유적으로 이르는 말.

● ㉤ 활동 무대가 커야 통이 큰 사람도 모이고 클 수도 있음을 비유적으로 이르는 말.

● ㉥ 광대가 연기를 할 때 탈의 끈이 떨어졌다는 뜻으로, 의지할 데가 없어 꼼짝을 못 하게 됨을 비유적으로 이르는 말.

## 속담 2

속담의 뜻을 찾아 연결하시오.

1) 칼날이 날카로워도 제 자루 못 깎는다 ●

2) 코 막고 답답하다고 한다 ●

3) 코 아니 흘리고 유복하다 ●

4) 타는 불에 부채질한다 ●

5) 탕건 쓰고 세수한다 ●

6) 토끼 입에 콩가루 먹은 것 같다 ●

● ㉠ 남의 재앙을 점점 더 커지도록 만들거나 성난 사람을 더욱 성나게 함을 비유적으로 이르는 말.

● ㉡ 고생하지 아니하고 이익을 얻는다는 말.

● ㉢ 세수를 하고 머리를 빗고 그다음에 망건을 쓰는 법인데 망건을 먼저 쓰고 세수를 한다는 뜻으로, 일의 순서를 바꾸어 함을 놀림조로 이르는 말.

● ㉣ 제힘으로 쉽게 할 수 있는 일을 어렵게 생각하여 다른 곳에서 해결책을 찾으려 함을 비유적으로 이르는 말.

● ㉤ 무엇을 먹은 흔적을 입가에 남기고 있다는 말.

● ㉥ 자신이 관계된 일은 자신이 하기가 더 어려움을 비유적으로 이르는 말.

## 관용구

### ㅌ

| | |
|---|---|
| 탈을 쓰다 | 본색이 드러나지 않게 가장하다. 예) 탈을 쓰고 접근했다. |
| 탈이 자배기만큼 났다 | 일이 크게 벌어졌다. |
| 털끝도 못 건드리게 하다 | 조금도 손을 대지 못하게 하다. |
| 탄력을 받다 | 점차 증가하거나 많아지다. |

### ㅍ

| | |
|---|---|
| 파김치가 되다 | 몹시 지쳐서 기운이 아주 느른하게 되다. |
| 파리 잡듯 | 힘들이지 아니하고 죽여 없애는 모양을 비유적으로 이르는 말. |
| 파밭 밟듯 | 조심스럽게 발을 옮김을 비유적으로 이르는 말. |
| 팔자에 없다 | 분수에 넘쳐 어울리지 아니하다. 예) 그건 팔자에 없는 일이다. |

## 고유어

### ㅌ

| | |
|---|---|
| 타끈스럽다 | 치사하고 인색하며 욕심이 많은 데가 있다. |
| 타래엿 | 두세 가락을 서로 꼬아 만든 엿. |
| 타박 | 허물이나 결함을 나무라거나 핀잔함. |
| 타분하다 | 입맛이 개운하지 않다. |
| 타이르다 | 잘 깨닫도록 일의 이치를 밝혀 말해 주다. |
| 탄명스럽다 | 똑똑하지 못하고 흐리멍덩하다. |
| 탄내 | 어떤 것이 타서 나는 냄새. 예) 탄내가 나서 문을 열었다. |
| 탄탄하다 | 무르거나 느슨하지 않고 아주 야무지고 굳세다. |
| 탈바꿈 | 원래의 모양이나 형태를 바꿈. |
| 탈춤 | 탈을 쓰고 추는 춤. 예) 차선으로 생각해볼 여지가 |
| 토끼잠 | 깊이 들지 못하고 자주 깨는 잠. |
| 토라지다 | 마음에 들지 아니하고 뒤틀리어서 싹 돌아서다. |

**본색**: 본디의 빛깔이나 생김새.

**느른하다**: 맥이 풀리거나 고단하여 몹시 기운이 없다.

**인색하다**: 재물을 아끼는 태도가 몹시 지나치다.

**야무지다**: 사람의 성질이나 행동, 생김새 따위가 빈틈이 없이 꽤 단단하고 굳세다.

## 속담

**ㅍ**

| | |
|---|---|
| 파장에 수수엿 장수 | 기회를 놓쳐서 이제는 별 볼 일 없게 된 사람이나 그런 경우를 비유적으로 이르는 말. |
| 패군의 장수는 용맹을 말하지 않는다 | 무슨 일에 실패를 하고 나서 구구히 변명을 할 필요가 없음을 이르는 말. |
| 패는 곡식 이삭 뽑기 | 잘되어 가는 일을 심술궂은 행동으로 망치는 경우를 비유적으로 이르는 말. |
| 팔십 노인도 세 살 먹은 아이한테 배울 것이 있다 | 어린아이가 하는 말이라도 일리가 있을 수 있으므로 소홀히 여기지 말고 귀담아들어야 한다는 뜻으로, 남이 하는 말을 신중하게 잘 들어야 함을 비유적으로 이르는 말. |
| 팔도에 솥 걸어 놓았다 | 어디를 가나 얻어먹을 데가 많음을 비유적으로 이르는 말. |
| 팔자는 길들이기로 간다 | 습관이 천성이 되어 사람의 일생을 좌우할 수 있다는 말. |

**구구히 : 각각 다르게.**

**천성 : 본래 타고난 성격이나 성품.**

## 한자성어

**ㅍ**

| | |
|---|---|
| 파공관면 | 어쩔 수 없는 사정이 있을 때 파공을 허락함. |
| 파란중첩 | 사람의 생활이나 일의 진행에 여러 가지 곤란이나 시련이 많음. |
| 파상공격 | 일정한 시간 간격을 두고 되풀이하여 하는 공격. |
| 파안일소 | 매우 즐거운 표정으로 한바탕 웃음. |
| 파체 | 눈물을 거둔다는 뜻으로, 슬픔을 기쁨으로 돌리어 생각함을 이르는 말. |
| 팔면부지 | 어느 면으로 보나 전혀 모름. 또는 그런 사람. |
| 팔자소관 | 타고난 운수로 인하여 어쩔 수 없이 당하는 일. |
| 팔척장신 | 키가 매우 큰 사람이나 그 사람의 몸을 과장하여 이르는 말. |
| 패가망신 | 집안의 재산을 다 써 없애고 몸을 망침. |
| 편고지역 | 남보다 괴로움을 더 받으면서 하는 일. |
| 평심서기 | 마음을 평온하고 순화롭게 함. 또는 그 마음. |
| 평온무사 | 조용하고 평안하여 아무 일이 없음. |

**운수 : 이미 정하여져 있어 인간의 힘으로는 어쩔 수 없는 천운(天運)과 기수(氣數).**

**순화롭다 : 순탄하고 평화로운 데가 있다.**

## ㅌ

| | |
|---|---|
| 타국 | 자기 나라가 아닌 남의 나라. |
| 타방면 | 다른 방면. |
| 타사 | 다른 회사. 또는 남의 회사. 예) 먼저 타사의 제품을 살펴보자. |
| 타원형 | 길쭉하게 둥근 타원으로 된 평면 도형. 또는 그런 모양. |
| 타인 | 다른 사람. |
| 타자 | 자기 외의 사람. 또는 다른 것. |
| 타제품 | 종류가 다른 제품. |
| 타지 | 다른 지방이나 지역. 예) 타지에서의 생활은 어떤가요? |
| 타파 | 부정적인 규정, 관습, 제도 따위를 깨뜨려 버림. |
| 타행 | 현재 거래하는 은행이 아닌 다른 은행. |
| 타협점 | 어떤 일을 서로 양보하는 마음으로 협의할 수 있는 점. |
| 탄광 | 석탄을 캐내는 광산. |
| 탄력 | 용수철처럼 튀거나 팽팽하게 버티는 힘. |
| 탄로 | 숨긴 일을 드러냄. 예) 오래지 않아 비밀은 탄로났다. |
| 탄복 | 매우 감탄하여 마음으로 따름. |
| 탄산음료 | 이산화 탄소를 물에 녹여 만든, 맛이 산뜻하고 시원한 음료. |
| 탄생석 | 태어난 달을 상징하는 보석. 행운을 불러들인다고 하여 몸에 지닌다. |
| 탄식 | 한탄하여 한숨을 쉼. 또는 그 한숨. |
| 탄압 | 권력이나 무력 따위로 억지로 눌러 꼼짝 못 하게 함. |
| 탄원 | 사정을 하소연하여 도와주기를 간절히 바람. |
| 태동 | 모태 안에서의 태아의 움직임. |
| 태만 | 열심히 하려는 마음이 없고 게으름. |
| 태무심 | 거의 쓰는 마음이 없음. |
| 태반 | 반수 이상. |
| 태부족 | 모자람이 상당함. |
| 태산 | 높고 큰 산. |

관습 : 어떤 사회에서 오랫동안 지켜 내려와 그 사회 성원들이 널리 인정하는 질서나 풍습.

한탄하다 : 원통하거나 뉘우치는 일이 있을 때 한숨을 쉬며 탄식하다.

무력 : 군사상의 힘.

**ㅍ**

| | |
|---|---|
| 판결 | 시비나 선악을 판단하여 결정함. |
| 판공비 | 공무를 처리하는 데 드는 비용. 또는 그런 명목으로 주는 돈. |
| 판단 | 사물을 인식하여 논리나 기준 등에 따라 판정을 내림. |
| 판독 | 어려운 문장이나 암호, 고문서 따위를 뜻을 헤아리며 읽음. |
| 판로 | 상품이 팔리는 방면이나 길. |
| 판매 | 상품 따위를 팖. 예) 지금 파인애플을 판매하고 있습니다. |
| 판매난 | 상품 따위가 팔리지 아니하여 겪는 어려움. |
| 판매망 | 상품 따위를 팔기 위한 조직이나 체계. |
| 판매점 | 상품 따위를 파는 가게. 예) 이 모델의 부품을 판매하는 판매점을 찾고 있다. |
| 판무식 | 아주 무식함. 또는 그런 사람. |
| 판별력 | 옳고 그름이나 좋고 나쁨을 판단하여 구별하는 능력. |
| 판서 | 칠판에 분필로 글을 씀. 또는 그 글. |
| 판자촌 | 판잣집이 모여 있는 매우 가난한 동네. |
| 판정승 | 권투·레슬링 따위에서, 심판의 판정으로 이김. |
| 판촉물 | 판촉을 위하여 만들어 나누어 주는 물건. 예) 판촉물로 받은 물티슈. |
| 팔도 | 우리나라 전체를 이르는 말. |
| 팔불출 | 몹시 어리석은 사람을 이르는 말. |
| 팔순 | 여든 살. |
| 팔촌 | 부모의 육촌의 자녀끼리의 촌수. |
| 패기 | 어떤 어려운 일이라도 해내려는 굳센 기상이나 정신. |
| 패륜 | 인간으로서 마땅히 하여야 할 도리에 어그러짐. 또는 그런 현상. |
| 패배자 | 싸움에 진 사람. 예) 비록 패배자였지만 실망하지 않았다. |
| 패악 | 사람으로서 마땅히 하여야 할 도리에 어그러지고 흉악함. |
| 패은 | 은혜를 입음. |
| 패자 | 싸움이나 경기에 진 사람. 또는 그런 단체. |
| 패항 | 싸움에 져서 항복함. |
| 피난 | 재난을 피하여 멀리 옮겨 감. |

고문서 : 옛 문서. 또는 오래된 문서.

판촉 : 여러 가지 방법을 써서 수요를 불러일으키고자극하여 판매가 늘도록 유도하는 일.

**관용구** ·······························································································

빈 칸에 알맞은 낱말을 쓰시오.

1) ☐☐ 밟듯

· 조심스럽게 발을 옮김을 비유적으로 이르는 말.

2) ☐ 을 쓰다.

· 본색이 드러나지 않게 가장하다.

3) ☐☐ 잡듯

· 힘들이지 아니하고 죽여 없애는 모양을 비유적으로 이르는 말.

4) ☐☐ 에 없다.

· 분수에 넘쳐 어울리지 아니하다.

**고유어** ·······························································································

밑줄 친 낱말의 알맞은 뜻을 찾아 번호를 쓰시오.

1) 멀리 떠난 여행지에서 <u>토끼잠</u>을 자고 일어났다.(　　　)

2) 어디선가 <u>탄내</u>가 나는 것 같다. (　　　)

3) 덩실덩실 <u>탈춤</u>을 추고 있다. (　　　)

4) 아직도 <u>토라진</u> 마음이 풀리지 않은 듯하다. (　　　)

5) 야단만 치지 말고 잘 <u>타일러서</u> 설득해라. (　　　)

6) 시장에 가서 <u>타래엿</u>을 샀다. (　　　)

7) 격려는 커녕 <u>타박</u>만 늘어놓았다. (　　　)

① 마음에 들지 아니하고 뒤틀리어서 싹 돌아서다.
② 잘 깨닫도록 일의 이치를 밝혀 말해 주다.
③ 두세 가락을 서로 꼬아 만든 엿.
④ 허물이나 결함을 나무라거나 핀잔함.
⑤ 깊이 들지 못하고 자주 깨는 잠.
⑥ 어떤 것이 타서 나는 냄새.
⑦ 탈을 쓰고 추는 춤.

## 속담

속담의 뜻을 찾아 연결하시오.

1) 파장에 수수엿 장수 ●

2) 팔도에 솥 걸어 놓았다 ●

3) 팔자는 길들이기로 간다 ●

4) 패군의 장수는 용맹을 말하지 않는다 ●

5) 패는 곡식 이삭 뽑기 ●

6) 팔십 노인도 세 살 먹은 아이한테 배울 것이 있다 ●

● ㉠ 습관이 천성이 되어 사람의 일생을 좌우할 수 있다는 말.

● ㉡ 무슨 일에 실패를 하고 나서 구구히 변명을 할 필요가 없음을 이르는 말.

● ㉢ 기회를 놓쳐서 이제는 별 볼 일 없게 된 사람이나 그런 경우를 비유적으로 이르는 말.

● ㉣ 어디를 가나 얻어먹을 데가 많음을 비유적으로 이르는 말.

● ㉤ 잘되어 가는 일을 심술궂은 행동으로 망치는 경우를 비유적으로 이르는 말.

● ㉥ 어린아이가 하는 말이라도 일리가 있을 수 있으므로 소홀히 여기지 말고 귀담아들어야 한다는 뜻으로, 남이 하는 말을 신중하게 잘 들어야 함을 비유적으로 이르는 말.

## 한자성어

보기를 보고 빈칸에 알맞은 말을 쓰시오.

1) 집안의 재산을 다 써 없애고 몸을 망침. ☐

2) 조용하고 평안하여 아무 일이 없음. ☐

3) 키가 매우 큰 사람이나 그 사람의 몸을 과장하여 이르는 말. ☐

4) 타고난 운수로 인하여 어쩔 수 없이 당하는 일. ☐

5) 어느 면으로 보나 전혀 모름. 또는 그런 사람. ☐

6) 매우 즐거운 표정으로 한바탕 웃음. ☐

7) 어쩔 수 없는 사정이 있을 때 파공을 허락함. ☐

8) 사람의 생활이나 일의 진행에 여러 가지 곤란이나 시련이 많음. ☐

| 보기 | 패가망신 팔면부지 파안일소 팔척장신 |
|---|---|
| | 평온무사 파공관면 파란중첩 팔자소관 |

**어휘 탐구** ·············································································································

빈 칸에 알맞은 말을 쓰시오.

1) 시장조사를 위해 우선 ☐☐ 의 제품을 검토했다.

· 다른 회사. 또는 남의 회사

2) 그곳에는 버려진 ☐☐ 이 있었다.

· 석탄을 캐내는 광산.

3) 비밀이 ☐☐ 날까 두려워 말을 잇지 못했다.

· 숨긴 일을 드러냄.

4) 원단을 힘껏 늘려보며 ☐☐ 이 어느 정도인지 가늠했다.

· 용수철처럼 튀거나 팽팽하게 버티는 힘.

5) ☐☐ 과의 관계에 관해서도 심각하게 고민해보았다.

· 다른 사람.

6) 그 작품을 보고 나서 연이어 ☐☐ 했다.

· 매우 감탄하여 마음으로 따름.

7) 어머니는 첫 ☐☐ 을 느꼈을 때의 감상을 일기로 남겼다.

· 모태 안에서의 태아의 움직임.

8) 그 어떤 ☐☐ 에도 굴하지 않으리.

· 권력이나 무력 따위로 억지로 눌러 꼼짝 못 하게 함.

9) 집을 떠나 먼 ☐☐ 에서 첫 직장 생활을 시작했다.

· 다른 지방이나 지역.

10) 그럼 생각해보시고 현명한 [ ][ ] 을 내리길 바래요.

· 사물을 인식하여 논리나 기준 등에 따라 판정을 내림.

11) [ ][ ] 이 끝나기 까지는 한달 정도 소요될 것 같습니다.

· 어려운 문장이나 암호, 고문서 따위를 뜻을 헤아리며 읽음.

12) 먼저 제품을 기획하기 위해서는 철저한 시장 조사를 해서 [ ][ ] 를 찾아야 합니다.

· 상품이 팔리는 방면이나 길.

13) 여기서 수산물을 [ ][ ] 하는 일을 하고 있습니다.

· 상품 따위를 팖.

14) 올해 [ ][ ] 이 되신 할아버지.

· 여든 살.

15) 이제 그만 이 [ ][ ] 는 물러나겠습니다.

· 싸움이나 경기에 진 사람. 또는 그런 단체.

16) 할머니는 [ ][ ] 가던 시절의 이야기를 종종 말씀하셨다.

· 재난을 피하여 멀리 옮겨 감.

17) 두려움 없이 도전하는 너의 [ ][ ].

· 어떤 어려운 일이라도 해내려는 굳센 기상이나 정신.

18) 우선 [ ][ ] 를 마치고 말씀드리겠습니다.

· 칠판에 분필로 글을 씀. 또는 그 글.

## 관용구

### ㅎ

| | |
|---|---|
| 하나로 잇닿아 있다 | 서로가 떼려야 뗄 수 없이 연결되어 있다. |
| 하는 수 없이 | 어쩔 방법이나 도리 없이. 예) 하는 수 없이 결정에 따랐다. |
| 하늘 높은 줄 모르다 | 자기의 분수를 모르다. |
| 하늘에 닿다 | 무엇이 매우 크거나 높거나 많다. |
| 하면 하고 말면 마는 식 | 꼭 해야 되겠다는 각오 없이 하고 싶으면 하고 하기 싫으면 안 하는 무사안일한 태도. |
| 하늘에 맡기다 | 운명에 따르다. 예) 이제 하늘에 맡기는 수밖에 없다. |
| 하늘을 지붕 삼다 | 한데서 기거하다. |
| 하늘이 노랗다 | 지나친 과로나 상심으로 기력이 몹시 쇠하다. |
| 해가 서쪽에서 뜨다 | 전혀 예상 밖의 일이나 절대로 있을 수 없는 희한한 일을 하려고 하거나 하였을 경우를 비유적으로 이르는 말. |

각오 : 앞으로 해야 할 일이나 겪을 일에 대한 마음의 준비.

기거하다 : 일정한 곳에서 먹고 자고 하는 따위의 일상적인 생활을 하다.

## 고유어

### ㅍ

| | |
|---|---|
| 패대기치다 | 매우 짜증 나거나 못마땅하여 어떤 일이나 물건을 거칠게 내던지다. |
| 판판하다 | 물건의 표면이 높낮이가 없이 평평하고 너르다. |
| 포근하다 | 도톰한 물건이나 자리 따위가 보드랍고 따뜻하다. |
| 포기김치 | 배추를 통째로 담그는 김치. |

도톰하다 : 보기 좋을 정도로 알맞게 두껍다.

통째 : 나누지 아니한 덩어리 전부.

### ㅎ

| | |
|---|---|
| 하늘빛 | 하늘의 빛깔. |
| 하루바삐 | 하루라도 빨리. 예) 하루바삐 떠나는 것이 좋겠다. |
| 하루하루 | 그날그날의 날. 예) 하루하루 행복하면 그만이다. |
| 하야말끔히 | 하얗고 말끔하게. |
| 한가득하다 | 꽉 차도록 가득하다. |
| 한달음 | 중도에 쉬지 아니하고 한 번에 달려감. 예) 소식을 듣고 한달음에 왔다. |

## 속담

**ㅎ**

| | |
|---|---|
| 하늘로 올라갔나 땅으로 들어갔나 | 별안간 아무도 모르게 사라져 버림을 비유적으로 이르는 말. |
| 하늘 아래 첫 고개 | 아주 높은 고개를 비유적으로 이르는 말. |
| 하늘은 스스로 돕는 자를 돕는다 | 하늘은 스스로 노력하는 사람을 성공하게 만든다는 뜻으로, 어떤 일을 이루기 위해서는 자신의 노력이 중요함을 이르는 말. |
| 하루가 열흘 맞잡이 | 하루가 삼 년과 같다는 뜻으로, 짧은 시간이 매우 길게 느껴짐을 비유적으로 이르는 말. |
| 하품에 딸꾹질 | 어려운 일이 공교롭게 계속됨을 비유적으로 이르는 말. |
| 한강 물 다 먹어야 짜냐 | 무슨 일을 처음에 조금만 시험하여 보면 전체적인 것을 짐작하여 볼 수 있음을 이르는 말. |
| 한 계단씩 밟아 올라가다 | 낮은 데서부터 높은 데로 순차적으로 올라간다는 말. |

## 한자성어

**ㅎ**

| | |
|---|---|
| 하난지유 | 아무것도 어려울 것이 없다는 뜻으로, 아주 쉬움을 이르는 말. |
| 하야 | 시골로 내려간다는 뜻으로, 관직이나 정계에서 물러남을 이르는 말. |
| 하필 | 붓을 대어 쓴다는 뜻으로, 시나 글을 짓는 것을 이르는 말. |
| 학행일치 | 배움과 실천이 하나로 들어맞음. 또는 배운 대로 실행함. |
| 한우충동 | 짐으로 실으면 소가 땀을 흘리고, 쌓으면 들보에까지 찬다는 뜻으로, 가지고 있는 책이 매우 많음을 이르는 말. |
| 함구불언 | 입을 다물고 말을 하지 아니함. |
| 해괴망측 | 말할 수 없이 괴상하고 야릇함. |
| 해로 | 부부가 한평생 같이 살며 함께 늙음. |
| 행막행의 | 더할 수 없이 다행함. |
| 행안남비 | 기러기가 줄을 지어 남쪽으로 날아감. |
| 행주좌와 | 다니고, 머물고, 앉고, 눕고 하는 일상의 움직임을 통틀어 이르는 말. |

**공교롭다**: 생각지 않았거나 뜻하지 않았던 사실이나 사건과 우연히 마주치게 된 것이기 이하다고 할 만하다.

**관직**: 직무의 일반적 종류를 뜻하는 관(官)과 구체적 범위를 뜻하는 직(職)을 통틀어 이르는 말.

## 어휘

**ㅎ**

| | |
|---|---|
| 하계 | 여름의 시기. |
| 하관 | 광대뼈를 중심으로 얼굴의 아래쪽 턱 부분. |
| 하도급 | 도급으로 맡은 일의 전부 또는 일부를 다시 맡거나 맡김. 또는 그렇게 맡거나 맡긴 일. |
| 하교 | 공부를 끝내고 학교에서 집으로 돌아옴. |
| 하급생 | 학년이 낮은 학생. |
| 하뉴월 | 여름이 한창인 음력 유월을 이르는 말. |
| 하락률 | 수치 따위가 내려간 비율. |
| 하류 | 강이나 내의 아래쪽 부분. |
| 하반기 | 한 해나 어떤 일정한 기간을 둘로 나누었을 때 나중 되는 기간. |
| 하복 | 여름철에 입는 옷. |
| 하산 | 산에서 내려오거나 내려감. 예) 점심 먹고 하산할 것이다. |
| 하숙 | 일정한 방세와 식비를 내고 남의 집에 머물면서 숙식함. 또는 그런 집. |
| 하순 | 한 달 가운데 21일에서 말일까지의 동안. |
| 하여간 | 어찌하든지 간에. 예) 하여간 지금은 다른 방법이 없다. |
| 하역장 | 짐을 싣고 내리는 곳. |
| 하위직 | 낮은 지위의 관직. |
| 하인 | 남의 집에 매여 일을 하는 사람. |
| 하한가 | 개별 주식이 하루에 내릴 수 있는 최저 한도의 가격. |
| 하향세 | 일의 진행이나 활동 상태가 약하여지거나 처지는 형세. |
| 학구열 | 학문 연구에 대한 정열. 예) 청운의 꿈을 안고 뜨거운 학구열로 도전했다. |
| 학내 | 학교의 내부. |
| 학년 | 일 년간의 학습 과정의 단위. |
| 학대 | 몹시 괴롭히거나 가혹하게 대우함. 또는 그런 대우. |
| 학령기 | 초등학교에서 의무 교육을 받아야 할 나이의 시기. 만 6~12세이다. |
| 학문 | 어떤 분야를 체계적으로 배워서 익힘. 또는 그런 지식. |
| 학문인 | 학문을 하는 사람. |
| 학벌주의 | 학벌을 중요하게 여기는 입장이나 태도. |

도급 : 일정한 기간이나 시간 안에 끝내야 할 일의 양을 도거리로 맡거나 맡김. 또는 그렇게 맡거나 맡긴 일.

숙식하다 : 자고 먹다.

가혹하다 : 몹시 모질고 혹독하다.

| | |
|---|---|
| 호감 | 좋게 여기는 감정. 예) 서로 호감을 느끼고 있어 친해질 수 있겠다. |
| 호객 | 물건 따위를 팔기 위하여 손님을 부름. |
| 호걸 | 지혜와 용기가 뛰어나고 기개와 풍모가 있는 사람. |
| 호불호 | 좋음과 좋지 않음. 예) 호불호가 많은 제품입니다. |
| 호소 | 억울하거나 딱한 사정을 남에게 간곡히 알림. |
| 호소력 | 강한 인상을 주어 마음을 사로잡을 수 있는 힘. |
| 호의 | 친절한 마음씨. 또는 좋게 생각하여 주는 마음. |
| 호전적 | 싸우기를 좋아하는 것. 예) 그는 담대하고 호전적인 성품이었다. |
| 호조세 | 상황이나 형편 따위가 좋아지는 기세. |
| 호화선 | 호화로운 시설을 갖춘 큰 여객선. 예) 깜짝 놀랄 만한 호화선이었다. |
| 호황 | 경기(景氣)가 좋음. 또는 그런 상황. |
| 홍보 | 널리 알림. 또는 그 소식이나 보도. |
| 홍수 | 비가 많이 와서 강이나 개천에 갑자기 크게 불은 물. |
| 효과적 | 어떤 목적을 지닌 행위에 의하여 보람이나 좋은 결과가 드러나는 것. |
| 효도 | 부모를 잘 섬기는 도리. |
| 효력 | 약 따위를 사용한 후에 얻는 보람. 예) 언제쯤 효력이 나타날까? |
| 효심 | 효성스러운 마음. |
| 효율 | 들인 노력과 얻은 결과의 비율. |
| 효자 | 부모를 잘 섬기는 아들. |
| 효행 | 부모를 잘 섬기는 행실. |
| 현금화 | 현금으로 바꾸어짐. 또는 현금으로 바꿈. |
| 현기증 | 어지러운 기운이 나는 증세. 예) 아래를 내려다보니 현기증이 났다. |
| 현대식 | 현대에 알맞은 형식이나 방식. |
| 현대판 | 고전이나 옛날의 사건을 현대적 감각으로 재현한 것. |
| 현상금 | 무엇을 모집하거나 구하거나 사람을 찾는 일 따위에 내건 돈. |
| 현세 | 지금 이 세상. 예) 현세에서는 이루어지지 않는 꿈. |
| 현손 | 증손자의 아들. 또는 손자의 손자. |
| 현시대 | 오늘날의 시대. |

풍모 : 풍채(風采)와 용모를 아울러 이르는 말.

호화롭다 : 사치스럽고 화려한 느낌이 있다.

효성스럽다 : 마음을 다하여 부모를 섬기는 태도가 있다.

증손자 : 손자의 아들. 또는 아들의 손자.

111

**관용구** ··········································································································································

빈 칸에 알맞은 낱말을 쓰시오.

1) ☐☐ 에 맡기다.

· 운명에 따르다.

2) 해가 ☐☐ 에서 뜨다.

· 전혀 예상 밖의 일이나 절대로 있을 수 없는 희한한 일을 하려고 하거나 하였을 경우를 비유적으로 이르는 말.

3) ☐☐ 수 없이

· 어쩔 방법이나 도리 없이.

4) ☐☐ 로 잇닿아 있다.

· 서로가 떼려야 뗄 수 없이 연결되어 있다.

**고유어** ··········································································································································

밑줄 친 낱말의 알맞은 뜻을 찾아 번호를 쓰시오.

1) <u>하루하루</u> 눈에 띄게 자라나는 새싹. (　　　)

2) 너무 놀란 나머지 <u>한달음</u>에 뛰어왔다. (　　　)

3) 너무나도 화가 나서 그만 손에 쥔 것을 <u>패대기치고</u> 말았다. (　　　)

4) 몹시 급한 일이니 <u>하루바삐</u> 떠나는 것이 좋겠다. (　　　)

5) <u>하늘빛</u> 원피스가 참 잘 어울린다. (　　　)

6) 손에 닿는 느낌도 <u>포근하고</u> 부드럽다. (　　　)

7) 깍두기와 <u>포기김치</u>는 냉장고에 있다. (　　　)

① 하루라도 빨리.
② 하늘의 빛깔.
③ 도톰한 물건이나 자리 따위가 보드랍고 따뜻하다.
④ 배추를 통째로 담그는 김치.
⑤ 그날그날의 날.
⑥ 중도에 쉬지 아니하고 한 번에 달려감.
⑦ 매우 짜증 나거나 못마땅하여 어떤 일이나 물건을 거칠게 내던지다.

## 속담

속담의 뜻을 찾아 연결하시오.

1) 하늘로 올라갔나 땅으 ●
   로 들어갔나

2) 하늘 아래 첫 고개 ●

3) 하늘은 스스로 돕는 자 ●
   를 돕는다

4) 하루가 열흘 맞잡이 ●

5) 하품에 딸꾹질 ●

6) 한강 물 다 먹어야 짜냐 ●

● ㉠ 하루가 삼 년과 같다는 뜻으로, 짧은 시간이 매우 길게
   느껴짐을 비유적으로 이르는 말.

● ㉡ 어려운 일이 공교롭게 계속됨을 비유적으로 이르는
   말.

● ㉢ 무슨 일을 처음에 조금만 시험하여 보면 전체적인 것
   을 짐작하여 볼 수 있음을 이르는 말.

● ㉣ 별안간 아무도 모르게 사라져 버림을 비유적으로 이르
   는 말.

● ㉤ 아주 높은 고개를 비유적으로 이르는 말.

● ㉥ 하늘은 스스로 노력하는 사람을 성공하게 만든다는 뜻
   으로, 어떤 일을 이루기 위해서는 자신의 노력이 중요
   함을 이르는 말.

## 한자성어

보기를 보고 빈칸에 알맞은 말을 쓰시오.

1) 더할 수 없이 다행함. ⬚

2) 부부가 한평생 같이 살며 함께 늙음. ⬚

3) 말할 수 없이 괴상하고 야릇함. ⬚

4) 아무것도 어려울 것이 없다는 뜻으로, 아주 쉬움을 이르는 말. ⬚

5) 시골로 내려간다는 뜻으로, 관직이나 정계에서 물러남을 이르는 말. ⬚

6) 붓을 대어 쓴다는 뜻으로, 시나 글을 짓는 것을 이르는 말. ⬚

7) 배움과 실천이 하나로 들어맞음. 또는 배운 대로 실행함. ⬚

8) 입을 다물고 말을 하지 아니함. ⬚

보기     행막행의    하야    학행일치    하난지유
        해괴망측    하필    함구불언    해로

**어휘 탐구** ......................................................................................................

빈 칸에 알맞은 말을 쓰시오.

1) 여기가 강의 ☐☐ 쯤 되는 곳이다.

· 강이나 내의 아래쪽 부분.


2) 오똑한 코와 날렵한 ☐☐.

· 광대뼈를 중심으로 얼굴의 아래쪽 턱 부분.


3) 아마도 6월 ☐☐ 까지 기다려야 할 것 같다.

· 한 달 가운데 21일에서 말일까지의 동안.


4) 도시락을 먹고 나서 오후 4시에 ☐☐ 할 예정이다.

· 산에서 내려오거나 내려감.


5) ☐☐ 할 때 다시 만나자.

· 공부를 끝내고 학교에서 집으로 돌아옴.


6) 아무래도 ☐☐ 을 해야 할 것 같다.

· 일정한 방세와 식비를 내고 남의 집에 머물면서 숙식함. 또는 그런 집.


7) 심한 ☐☐ 를 견딜 필요가 없다.

· 몹시 괴롭히거나 가혹하게 대우함. 또는 그런 대우.


8) 나는 당신의 ☐☐ 이 아니다.

· 남의 집에 매여 일을 하는 사람.


9) 공부를 하며 ☐☐ 을 닦던 시절이다.

· 어떤 분야를 체계적으로 배워서 익힘. 또는 그런 지식.

10) 무엇보다도 ☐☐ 를 중요시하는 태도를 보였다.

· 부모를 잘 섬기는 도리.


11) 첫눈에 ☐☐ 이 가는 인상이었다.

· 좋게 여기는 감정.


12) 문득 아래를 내려다보니 ☐☐☐ 이 났다.

· 어지러운 기운이 나는 증세.


13) 그는 성실하고 ☐☐ 였다.

· 부모를 잘 섬기는 아들.


14)여기저기서 ☐☐ 하는 모습이 보였다.

· 물건 따위를 팔기 위하여 손님을 부름.


15) ☐☐☐ 가 극명한 취향.

· 좋음과 좋지 않음.


16) ☐☐☐ 있는 목소리.

· 강한 인상을 주어 마음을 사로잡을 수 있는 힘.


17)저기 멀리 ☐☐☐ 한 척이 보인다.

· 호화로운 시설을 갖춘 큰 여객선.


18)아무래도 좋은 결과를 내는데 ☐☐☐ 이다.

· 어떤 목적을 지닌 행위에 의하여 보람이나 좋은 결과가 드러나는 것.

Memo

Memo

정답

8쪽
· 관용구
1) 구경   2)거짓말   3)고개   4) 개

· 고유어
1)⑥   2)⑦   3)⑤   4)③   5)②   6)①   7)④

9쪽
· 속담
1)ⓑ   2)ⓐ   3)ⓒ   4)ⓔ   5)ⓓ   6)ⓕ

· 한자성어
1)견문일치   2)겸사겸사   3)경세도량   4)감지덕지
5)갑론을박   6)강호지인   7)격화일로   8)고육지책

10~11쪽
· 어휘탐구
1)구경   2)고독   3)고학력   4)광고   5)고통스럽
다   6)구만리   7)가정불화   8)구구절절
9)고강도   10)고살   11) 구급약   12)군고구마
13)구상화   14) 급구   15) 구두점   16)구름결
17) 구슬땀   18)구완   19) 구전   20) 그악스러운

14쪽
· 관용구
1)꼬리   2)꽁지   3)꿀밤   4)꿈

· 고유어
1)③   2)①   3)②   4)⑥   5)④   6)⑤   7)⑦

15쪽
· 속담
1)ⓒ   2)ⓕ   3)ⓐ   4)ⓓ   5)ⓔ   6)ⓑ

· 어휘
1)꼬이기   2)꿈풀이   3)꿈나무   4)꾸짖어

20쪽
· 관용구
1)노여움   2)눈   3)누구   4)너울

· 고유어
1)③   2)④   3)①   4)⑥   5)⑤   6)②   7)⑦

21쪽
· 속담
1)ⓒ   2)ⓔ   3)ⓐ   4)ⓑ   5)ⓕ   6)ⓓ

· 한자성어
1)능간능수   2)내시반청   3)난망지은
4)낭중취물   5)능언앵무   6)내무주장
7)남혼여열   8)낭두

22~23쪽
· 어휘
1)노인   2)노산   3)노역   4)노망   5)나대지
6)노부인   7)나무숲   8)노래진   9)노모
10)노쇠한   11)농부   12)농토
13)녹청색   14)논설문   15)누명   16)농도
17)농수산물   18)농성전   19)농축   20)농담

28쪽
· 관용구
1)동태   2)달밤   3)등살   4)독, 쥐

· 고유어
1)③   2)⑦   3)①   4)②   5)④   6)⑤   7)⑥

29쪽
· 속담
1)ⓓ   2)ⓔ   3)ⓕ   4)ⓐ   5)ⓑ   6)ⓒ

· 한자성어
1)대경실색   2)대성통곡   3)동문서답
4)다사다망   5)등하불명   6)대의명분
7)동행서주   8)등고자비

30~31쪽
· 어휘
1)다독가   12)다갈색   13)다도   14)동시다발
5)단도직입적   6)당도   7)다목적   8)다소간
9)다층주책   10)도난품   11)도복   12)도벽
13)도리   14)도색   15)도시   16)도피처
17)도주로   18)도의적

34쪽
· 관용구
1)땀   2)땅   3)뚜껑   4)뛰지도

· 고유어
1) ⑤   2) ⑥   3) ⑦   4) ①   5) ②   6) ③
7) ④


35쪽
· 속담
1)ㄹ   2)ㅂ   3)ㄱ   4)ㄴ   5)ㄷ   6)ㅁ

· 어휘
1) 딴말   2)딴청   3) 딴생각   4) 딴전

40쪽
· 관용구
1) 목   2)마음   3) 말   4) 말

· 고유어
1) ②   2) ⑤   3) ⑥   4) ⑦   5) ③   6) ④   7) ①

41쪽
· 속담
1)ㄴ   2)ㄷ   3)ㄱ   4)ㅂ   5)ㄹ   6)ㅁ

· 한자성어
1)만분지일   2)만면수색   3)막불감동
4)만고강산   5)만고절담   6)만년지택
7)막연부지   8)막역지간

42~43쪽
· 어휘
1)모녀   2)모국어   3)모략   4)마모   5)마찰
6)모교   7)마술사   8)모공   9)모객   10) 모멸감
11)모험심   12)목격담   13)목재   14)목공예
15)목가적   16)모욕   17)모반   18)모범

48쪽
· 관용구
1) 발동   2) 바닥   3) 바람   4) 바람

· 고유어
1)①   2)②   3)⑤   4)⑦   5)⑥   6)③   7)④

49쪽
· 속담
1)ㄷ   2)ㄹ   3)ㅂ   4)ㄱ   5)ㄴ   6)ㅁ

· 한자성어
1)반신불수 2)박전박답 3)박학다재 4)박학다문
5)박물군자 6)박안대성 7)방방곡곡 8)반포지효

50~51쪽
· 어휘 탐구
1)발성   2)발악   3)발언   4)발음   5)반목
6)반감   7)반려묘   8)반박   9)반복
10)반성문   11)반숙란   12)반격
13)반년   14)반발심   15)발각   16)발급
17)발명   18)발생

54쪽
· 관용구
1)뼈   2)뼈   3)뿌리   4)뿌리

· 고유어
1)⑦   2)③   3)④   4)⑤   5)①   6)②
7)⑥

55쪽
· 속담
1)ㄹ   2)ㄱ   3)ㅂ   4)ㄴ   5)ㅁ   6)ㄷ

· 어휘
1)뼈아픈   2)뼈대   3)삐져   4)삐악

60쪽
· 관용구
1)사서   2)사족   3)사돈   4)사람

· 고유어
1)①   2)②   3)③   4)⑦   5)⑥   6)④   7)⑤

61쪽
· 속담
1)ㄷ   2)ㄴ   3)ㄱ   4)ㅂ   5)ㅁ   6)ㄹ

· 한자성어
1)소불동념 2)소소곡절 3)사군지도 4)사대육신
5)소심근신 6)사무여한 7)소마세월 8)사래선거

62~63쪽
· 어휘탐구

1)사례  2)사별  3)사비  4)사범  5)사색
6)사부  7)사고사  8)사과문  9)사랑방
10)소비  11)상견례  12)상념  13)상담
14)상대방  15)소감문  16)소멸  17)소규모
18)소견

66쪽
· 관용구
1)씨  2)쌍수  3)씨  4)싹

· 고유어
1)①  2)⑤  3)⑥  4)②  5)③  6)④  7)⑦

67쪽
· 속담
1)ⓜ  2)ⓐ  3)ⓗ  4)ⓑ  5)ⓒ  6)ⓓ

· 어휘
1)쓰리다  2)쓰라림  3)씨감자  4)쓴소리

72쪽
· 관용구
1)뭐야  2)어깨  3)않다  4)안면

· 고유어
1)③  2)④  3)⑤  4)①  5)②  6)⑥  7)⑦

73쪽
· 속담
1)ⓑ  2)ⓐ  3)ⓜ  4)ⓒ  5)ⓓ  6)ⓗ

· 한자성어
1)오매불망  2)앙사부모  3)앙천통곡
4)양자택일  5)안면부지  6)애매모호
7)약존약망  8)오역부지

74~75쪽
· 어휘탐구
1)암투  2)애걸  3)애장품  4)애칭  5)아부
6)안내서  7) 안색  8) 알선  9) 암기력
10)이물감  11)우회  12) 우유색  13)우수
14)우연  15)이국적  16)우환  17)이모
18)이물질

80쪽
· 관용구
1)정신  2)자취  3)장단  4)자리

· 고유어
1)①  2)⑥  3)⑦  4)②  5)③  6)④  7)⑤

81쪽
· 속담
1)ⓔ  2)ⓜ  3)ⓗ  4)ⓐ  5)ⓑ  6)ⓒ

· 한자성어
1)전무후무  2)자격지심  3)적빈무의
4)전도유망  5)적연부동  6)조실부모
7)좌지우지  8)죄지경중

82~83쪽
· 어휘탐구
1)자괴감  2)자산가  3) 잔여물  4)잠복
5)잠재력  6)자금난  7)자구책  8)자녀
9)자본  10) 재개발  11)지배자  12)주작
13)주야간  14)재결합  15)재단사
16)재조명  17)주도권  18)지망생

86쪽
· 관용구
1)쪽박  2)찬밥  3)추격  4)차포

· 고유어
1)④  2)⑤  3)①  4)②  5)③  6)⑥  7)⑦

87쪽
· 속담
1)ⓔ  2)ⓜ  3)ⓗ  4)ⓐ  5)ⓑ  6)ⓒ

· 속담 2
1)ⓔ  2)ⓜ  3)ⓗ  4)ⓐ  5)ⓑ  6)ⓒ

92쪽
· 관용구
1)체면  2)천불  3)청운  4)천하

· 고유어
1)④   2)⑤   3)⑥   4)⑦   5)①   6)②   7)③

93쪽
· 속담
1)ⓔ   2)ⓜ   3)ⓗ   4)ⓖ   5)ⓛ   6)ⓒ

· 한자성어
1)측은지심  2)침소봉대.  3)취사선택  4)출가외인
5)초지일관  6)청천벽력  7)초로인생  8)칠전팔기

94~95쪽
· 어휘탐구
1)차녀    2)찬사    3)참사    4)처세    5)처단
6)처소    7)참회    8)참모  9)처가    10)천대
11)천부적   12)초고   13)초년생   14)초면
15)초심 16)초혼   17)추앙   18)추모

98쪽
· 관용구
1)칼자루   2)코   3)코   4)코

·고유어
1)④   2)⑤   3)①   4)②   5)③   6)⑥   7)⑦

99쪽
· 속담
1)ⓒ   2)ⓖ   3)ⓗ   4)ⓛ   5)ⓜ   6)ⓔ

· 속담 2
1)ⓗ   2)ⓔ   3)ⓛ   4)ⓖ   5)ⓒ   6)ⓜ

104쪽
· 관용구
1)파밭   2)탈   3)파리   4)팔자

· 고유어
1)⑤   2)⑥   3)⑦   4)①   5)②   6)③   7)④

105쪽
· 속담
1)ⓒ    2)ⓔ    3)ⓖ    4)ⓛ    5)ⓜ    6)ⓗ

· 한자성어
1)패가망신    2)평온무사    3)팔척장신
4)팔자소관    5)팔면부지    6)파안일소
7)파공관면    8)파란중첩

106~107쪽
· 어휘탐구
1)타사    2)탄광    3)탄로    4)탄력
5)타인    6)탄복    7)태동    8)탄압
9)타지    10)판단    11)판독    12)판로
13)판매    14)팔순    15)패자    16)피난
17)패기    18)판서

112쪽
· 관용구
1)하늘   2)서쪽   3)하는   4)하나

· 고유어
1)⑤   2)⑥   3)⑦   4)①   5)②   6)③   7)④

113쪽
· 속담
1)ⓔ    2)ⓜ    3)ⓗ    4)ⓖ    5)ⓛ    6)ⓒ

· 한자성어
1)행막행의    2)해로    3)해괴망측
4)하난지유    5)하야    6)하필
7)학행일치    8)함구불언

114~115쪽
· 어휘탐구
1)하류   2)하관   3)하순   4)하산
5)하교   6)하숙   7)학대   8)하인
9)학문   10)효도   11)호감   12)현기증
13)효자   14)호객   15)호불호
16)호소력   17)호화선   18)효과적